Wirksamer Pflanzenschutz

Autor: Axel Gutjahr
Satz und Gestaltung: Das Redaktionsbüro – Annette Mader, Köln
Gesamtherstellung: Naumann & Göbel Verlagsgesellschaft mbH, Köln

ISBN 978-3-625-12411-5

www.naumann-goebel.de

Wirksamer Pflanzenschutz

Die besten Profi-Tipps gegen Schädlinge, Krankheiten und Unkräuter

NGV

Inhalt

Garten oder Naturlandschaft?

Der Garten – ein Stück Kulturlandschaft

Vor 12 000 bis 13 000 Jahren begann ein völlig neues Kapitel der Menschheitsgeschichte. Viele der bis dahin als Sammler und Jäger lebenden Sippen gaben ihre bisherige Lebensweise auf und fingen an, Ackerbau und Viehzucht zu betreiben.

Die neue Lebensweise führte dazu, dass der Mensch die Natur in einem bisher nicht bekannten Ausmaß nach seinen Vorstellungen veränderte. Er rodete Waldstücke, grub Teile von Steppen und saftigen Graslandschaften um, errichtete feste Siedlungen und baute einfache Koppeln, in denen das Vieh nachts untergebracht wurde.

Vor etwa 4000 Jahren entstanden in einigen Stadtstaaten des antiken Griechenlands die Vorläufer der heutigen Gärten, indem die dortigen Bauern eine Art gärtnerische Landwirtschaft praktizierten und verstärkt Gemüse, Obst, Wein sowie Olivenbäume auf einem Teil ihrer Äcker anbauten. Deshalb kann man die heutigen Haus- und Schrebergärten auch als das Ergebnis eines über 4000-jährigen Entwicklungsprozesses ansehen, in dem Landschaftselemente vereint sind, die sich normalerweise sehr deutlich von durch

Ein Hausgarten, wie er schon seit Jahrhunderten vor oder hinter Gehöften angelegt wird

Zusammen mit Blumen spielt in vielen Hausgärten auch der Anbau von Obst, Gemüse und Kräutern, hier in einer Kräuterspirale, eine große Rolle.

Menschenhand weitgehend unberührter Natur unterscheiden. In den Gärten hat der Mensch Pflanzengesellschaften zusammengestellt, die entweder seiner Ernährung dienen oder ihn in Form von zumeist züchterisch sehr stark bearbeiteten Blumen einfach nur viel Freude bereiten. Auf den Beeten stehen die Nutzpflanzen häufig »in Reih' und Glied«, um dadurch besonders günstige Voraussetzungen für die Pflege und Ernte zu schaffen. Außerdem werden vorhandene Grasflächen in aller Regel sehr häufig gemäht und somit ihre Artenvielfalt kurz gehalten, denn man ist in den meisten Fällen an einem Rasen nach englischem Vorbild und nicht an einer Wiese interessiert, auf der hohe Gräser und üppige Wildstauden dominieren. Zu den weiteren charakteristischen Merkmalen vieler Gärten gehören schnurgerade verlaufende Wege, mit Borden eingefasste Beete und zu Heckenformationen angepflanzte Gehölze, die regelmäßig in Form geschnitten werden. Derartige Elemente sind für eine urwüchsige Natur untypisch.

Seit einigen Jahrzehnten sind manche Gartenfreunde daran interessiert, ihrem Garten zumindest stellenweise wieder ein naturnahes Aussehen zu verleihen, in dem sie beispielsweise aus Feldsteinen kleine Mauern errichten und Teiche nach Vorbildern aus der Natur anlegen. Allerdings sind auch diese Gärten Kulturlandschaften, weil der Mensch hier ebenfalls regulierend in zahlreiche natürliche Abläufe eingegriffen hat. In gewisser Weise kann man die vielerorts anzutreffenden Streuobstwiesen als Bindeglieder zwischen Gärten und weitgehend unberührter Naturlandschaft ansehen. Auf diesen Streuobstwiesen erfolgt nur eine extensive, also sehr geringfügige Bewirtschaftung des Grünlandes, aber gleichzeitig eine Nutzung der Früchte durch den Menschen.

Um sie einfacher pflegen zu können, werden viele Nutzpflanzen, wie diese Küchenzwiebeln, »in Reih' und Glied« angebaut.

Absolute Gesundheit gibt es nicht

Welcher Gärtner träumt nicht von einem Garten, in dem weder Schädlinge vorkommen noch Pflanzenkrankheiten auftreten?

Aber ein solcher Garten wird immer nur ein Wunschtraum bleiben, dem man sich allerdings durch eine sinnvolle Gestaltung und richtige Bewirtschaftung des Gartens nähern kann. So besteht beispielsweise die Möglichkeit, durch optimale Fruchtfolgen, günstige Pflanzenstandorte sowie Schaffung von Brutstätten und Verstecken für nützliche Tiere mit dazu beizutragen, dass sich weniger Parasiten und Krankheiten im Garten etablieren. In diesem Zusammenhang wird oft die Bedeutung des Bodens unterschätzt, der nicht nur den bloßen Standort für die Pflanzen darstellt, sondern gleichzeitig auch als wichtiges Nährstoff- sowie Wasserreservoir fungiert.

Pflanzen, die auf einem Boden stehen, der ihnen bestmögliche Entwicklungsvoraussetzungen bietet, können bei guter Pflege fast immer früher geerntet werden. Das liegt daran, dass diese Pflanzen schneller wachsen als vergleichbare Exemplare, die unter ungünstigeren Bedingungen existieren müssen. Eine frühere Ernte bedeutet wiederum, dass sich pro Zeiteinheit an den betreffenden Pflanzen weniger Schädlinge und Krankheiten ansiedeln und vermehren können. Gleichzeitig sind derartige Pflanzen robuster und deshalb oft besser in der Lage, Krankheiten oder einen Befall durch Schädlinge weitgehend unbeschadet zu überstehen.

Durch Fruchtfolgen, indem man beispielsweise Leguminosen, wie Erbsen (links), vor Kreuzblütengewächsen, wie Rotkohl (rechts), anbaut, kann man dazu beitragen, dass sich Krankheiten schlechter oder gar nicht ausbreiten können.

Auf Böden, die ihren Ansprüchen in einem hohen Maß entsprechen, wachsen die Pflanzen, wie beispielsweise diese Radieschen, besonders schnell.

Der Kampf ums Überleben

In ihrer Gesamtheit vermitteln attraktiv gestaltete Blumenbeete, üppige Gemüsekulturen, reich tragende Obstgehölze sowie ein gut gepflegter, regelmäßig geschnittener Rasen oft den Eindruck eines nahezu paradiesischen Gartenidylls.

Die Gartenlandschaft vermittelt einen sehr idyllischen Eindruck, aber dennoch herrscht zwischen den Pflanzen genau wie auf dem naturnahen Blumenbeet (oben) ein unerbittlicher Konkurrenzkampf.

Doch der Schein trügt. Genau wie in der Natur herrscht auch zwischen den im Garten kultivierten Pflanzen ein ständiger, gnadenloser Konkurrenzkampf ums Überleben. Dabei ist nicht nur jede Art, sondern auch jede einzelne Pflanze bestrebt, die eigenen Überlebens- und Fortpflanzungschancen zu verbessern. Dieses »Fressen und gefressen werden« geht unter den Pflanzen nur wesentlich langsamer als im Tierreich vonstatten. Im Kampf ums Überleben versuchen die Pflanzen, sich gegenseitig zu verdrängen, indem sie beispielsweise schneller wachsen als die unmittelbar in der Nähe stehenden Konkurrenten, damit diese das für die Fotosynthese erforderliche Sonnenlicht möglichst nicht mehr in ausreichenden Mengen erhalten.

Zusätzlich sind sie bestrebt, sich gegenseitig mithilfe ihrer Wurzeln Nährstoffe und Wasser zu entziehen. Außerdem geben manche Pflanzen Stoffe an das Erdreich ab, die andere Arten im Wachstum hemmen.

Um ein langfristiges Überleben aller Pflanzen zu gewährleisten, muss der Mensch regelmäßig dem Aus-

Diese im Frühjahr blühenden Primeln müssen nur mit wenigen Bäumen und Sträuchern um das vorhandene Sonnenlicht konkurrieren.

Im Garten kann sich die Kanadische Goldrute (links) genau wie das Indische Springkraut (rechts) schnell zu einer Plage entwickeln, wenn diese Pflanzen nicht immer sofort entfernt werden.

dehnungsdrang zahlreicher Arten, beispielsweise durch gezielte Rückschnitte, Teilung des Wurzelballens und/oder Entfernen von Senkern sowie Ausläufern regulierend entgegenwirken. Falls das nicht geschieht, verwandelt sich der Garten binnen weniger Jahre in eine »Wildnis«, in der einige besonders konkurrenzstarke Arten dominieren würden.

Eine vorsorgende Regulierung erfolgt beispielsweise schon beim Pflanzen von Kohl und Kopfsalat, wenn die empfohlenen Mindestabstände eingehalten werden. Das trifft analog auch auf Möhrenbeete zu, wenn man die frisch aufgelaufenen Pflanzen gründlich verzieht und somit den verbleibenden Exemplaren den erforderlichen Platz für das Wachstum verschafft.

Darüber hinaus lässt sich durch kontinuierliches Jäten von aufkommenden Unkräutern verhindern, dass sich diese zu ernsthaften Konkurrenten von Nutz- und Zierpflanzen entwickeln. Zu diesen Unkräutern kann man auch einige, aus anderen Erdteilen eingebürgerte Pflanzen, wie die Kanadische Goldrute, *Solidago canadensis*, oder das vorzugsweise am Teich wachsende Indische Springkraut, *Impatiens glandulifera*, rechnen.

Die beiden Salatköpfe stehen zu eng und nehmen sich gegenseitig die Nährstoffe weg.

Der gesunde Boden

Der Gartenboden und seine Qualität

Bodenarten und pH-Wert

Die wichtigsten Mengen- und Spurenelemente für Pflanzen

Bodenstabilisierung und Schattengare

Erhaltung und Verbesserung der Bodenqualität

Kompostwirtschaft

Vor- und Nachteile des Mulchens

Wertvolle Leguminosen

Der Gartenboden und seine Qualität

Gartenböden sind nicht nur bloße Standorte für Pflanzen, sondern sie fungieren gleichzeitig als Nährstoffreservoire. Aus diesen entnehmen die Pflanzen je nach Bedarf unterschiedlich große Mengen an wichtigen Substanzen auf, zu denen beispielsweise Stickstoff, Kalzium, Phosphor, Mangan und Bor gehören.

Gartenböden sind nicht nur Standort für die Pflanzen, sondern fungieren auch als Nährstoffreservoire.

Falls keine kontinuierliche Auffüllung dieses Reservoirs erfolgt, verliert der Boden im Laufe der Zeit immer mehr an Fruchtbarkeit.

Außer in einem ausreichenden Nährstoffgehalt spiegelt sich die Qualität des Bodens aber auch im Wasser- und Wärmehaltevermögen sowie in der Luftdurchlässigkeit wider. Diese Eigenschaften werden in einem hohen Maße vom Humusgehalt beeinflusst beziehungsweise überhaupt erst ermöglicht.

Während der Nährhumus zahlreiche, für Pflanzen schnell verfügbare Bestandteile enthält, besitzt der Dauerhumus hauptsächlich Krümelstruktur bildende Eigenschaften und weist aufgrund seiner vielen Kolloide ein hohes Bindevermögen für mineralische Nährstoffe und Wasser auf. So gebunden, können die mineralischen Nährstoffe nicht in tiefer gelegene Bodenschichten driften, wo sie für die Wurzel der meisten Gartenpflanzen unerreichbar wären.

Was ist Humus?

Unter Humus versteht man die Gesamtheit der strukturlosen Masse des Bodens, die im Laufe der Zeit aus dem Abbau von pflanzlichen und tierischen Komponenten entsteht. Der Abbau erfolgt in erster Linie durch unzählige kleine und kleinste Bodenorganismen, deren Spektrum sich von Regenwürmern über Springschwänze und Milben bis zu winzigen Algen, Pilzen und Bakterien erstreckt. Diese, auch als Edaphon bezeichneten Bodenorganismen, wandeln die abgestorbenen Tier- und Pflanzenreste zunächst in Roh- und später in Nähr- sowie Dauerhumus um.

Bodenarten und pH-Wert

In Abhängigkeit von der jeweiligen Region, in welcher sich ein Garten befindet, variieren die Hauptbestandteile des Erdreichs oft erheblich.

Die verschiedenen Bodenarten lassen sich ganz grob in drei Kategorien unterteilen.

Stallmist eignet sich hervorragend zur Aufwertung mittelschwerer Böden.

Leichter Boden

In dieser sich relativ rau anfühlenden Bodenart dominieren sandige Bestandteile, welche Einzelkorngrößen von 0,063 bis 2,0 mm aufweisen. Außer in sehr nassem Zustand rieselt leichter Boden schnell durch die Hände. Weitere charakteristische Merkmale sind seine hohe Wasserdurchlässigkeit (was gleichbedeutend mit einem schlechten Wasserhaltevermögen ist), eine schnelle Erwärmung, eine sehr gute Luftzirkulation und keine sonderlich hohe Fruchtbarkeit. Allerdings können die Pflanzen mit ihren Wurzeln gut in den Boden eindringen und das Bearbeiten mit Gartengeräten geht leicht vonstatten.

Ackersenf (links) und Lupinen (rechts) eignen sich gut als Gründünger für leichte Böden.

Durch alljährliches Eingraben von Gründung, Falllaub und Stallmist sowie das Verteilen von Kompost auf den Beetoberflächen lässt sich die Bodenqualität sandiger Böden allmählich verbessern.

Mittelschwerer Boden

Die mittelschweren oder lehmigen Böden bestehen vorwiegend aus Sand-, Schluff- und Tonanteilen. Bei Schluff handelt es sich um Bodenbestandteile, die Größen von 0,063 bis 0,002 mm aufweisen, während die Tonteilchen kleiner als 0,002 mm sind.

Je höher der Schluff- und Tonanteil in diesen Böden ist, umso weicher fühlen sie sich an und umso leichter lassen sie sich im feuchten Zustand kneten beziehungsweise formen.

Im Unterschied zu sandigen Böden zeichnen sich mittelschwere durch ein besseres Wasserhalte- sowie Nährstoffbindungsvermögen aus. Allerdings ist in ihnen die Luftzirkulation nicht nur schlechter, sondern sie erwärmen sich auch schwerer und man benötigt mehr Kraft bei ihrer Bearbeitung.

Um diesen Boden etwas zu lockern, bietet es sich an, neben Gründünger, Falllaub und Stallmist gelegentlich auch geschreddertes Holz- und Rindenmaterial (dieses schafft größere Hohlräume im Erdreich und somit bessere Möglichkeiten für die Luftzirkulation) mit einzugraben. Darüber hinaus wirkt sich eine gelegentliche Einarbeitung von Kalkdüngern förderlich auf die Krümelstruktur solcher Böden aus.

Schwerer Boden

Schwerer Boden zeichnet sich durch einen hohen Tonanteil und eine große Dichte aus, die daraus resultiert, dass nur wenige Hohlräume vorhanden sind, in denen die Luft zirkulieren kann. Deshalb bietet er auch keine besonders günstigen Lebensbedin-

Das Verbessern von schweren Böden kann beispielsweise mit viel Lauberde erfolgen.

gungen für das Edaphon, welches in diesem Boden »unter erschwerten Bedingungen« arbeiten muss. Ein weiterer Nachteil besteht darin, dass sich schwere Böden noch langsamer als lehmige Substrate erwärmen.

Um die Qualität von derartigen Böden zu verbessern, ist es ratsam, neben dem regelmäßigen Hacken viel sehr grob geschreddertes Holz- und Rindenmaterial sowie Gründung und große Mengen an Stroh und Falllaub einzugraben. Zusätzlich sollte man auf der Oberfläche immer wieder Komposterde verteilen, die durchaus mit größeren Mengen an lockerndem Sand sowie mit Kalkdünger »gestreckt« sein kann.

Der pH-Wert des Bodens

Als eine sehr wichtige Voraussetzung für das Wachstum und Gedeihen der Gartenpflanzen hat sich der pH-Wert des Bodens erwiesen.

Unter dem pH-Wert versteht man den negativen dekadischen Logarithmus der Wasserstoffionenkonzentration oder einfacher ausgedrückt, gibt er an, ob die betreffende Substanz sauer, alkalisch oder neutral reagiert.

Bei einem pH-Wert von 7,0 liegt eine identische Konzentration von Wasserstoff- (H+) und Hydroxid-Ionen (OH-) vor und der Boden reagiert neutral. Liegt ein Überschuss an Wasserstoff-Ionen vor, sinkt der pH-Wert unter 7,0 und der Boden zeigt eine zunehmend saure Reaktion. Bei einer erhöhten Konzentration von Hydroxid-Ionen steigt der pH-Wert über 7,0 und der Boden bekommt einen zunehmend alkalischen Charakter. Statt vom alkalischen spricht man auch vom basischen Charakter.

Der überwiegende Teil der Gartenpflanzen fühlt sich am wohlsten, wenn der pH-Wert zwischen 6,5 und 7,2 liegt. Dieser Wert lässt sich relativ einfach ermitteln, indem man einen der im Fachhandel erhältlichen Teststreifen auf feuchtes Erdreich drückt und anschließend seine Verfärbung mit einer auf der Verpackung befindlichen Farbskala vergleicht. Falls sich im Rahmen einer solchen Messung herausstellt, dass der pH-Wert deutlich unter 6,5 liegt, sollte eine Anhebung durch häufige Kalk- und Magnesiumdüngung erfolgen. Letztere darf auch nicht gänzlich vernachlässigt werden, wenn sich der pH-Wert des Bodens im optimalen Bereich befindet. Stattdessen sind in größeren zeitlichen Abständen und unter Einsatz von weniger Dünger sogenannte Erhaltungskalkungen durchzuführen, wodurch man gewährleistet, dass dieser pH-Wert dauerhaft erhalten bleibt. Viele Gartenfreunde führen Erhaltungskalkungen auf ihren Gemüsebeeten durch, indem sie jährlich etwa ein Drittel der Gesamtfläche düngen und darauf anschließend Arten mit einem etwas höheren Kalkbedarf, beispielsweise Kohl, Möhren, Sellerie, Schwarzwurzel und Tomaten, anbauen.

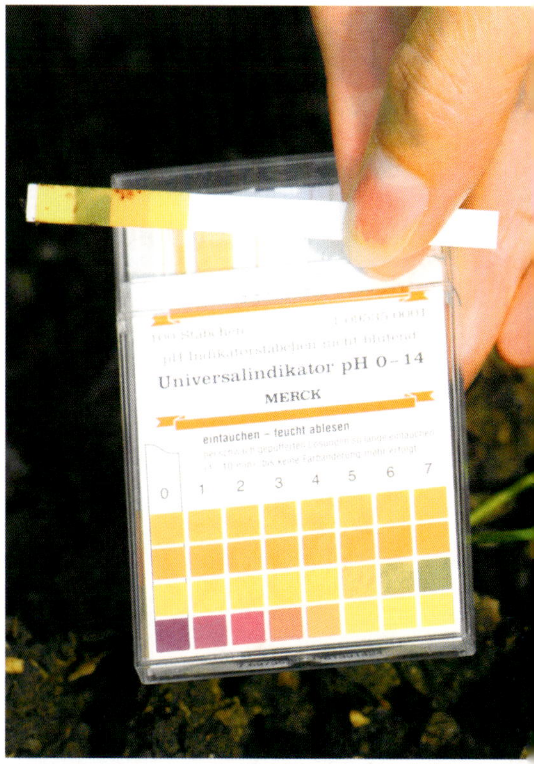

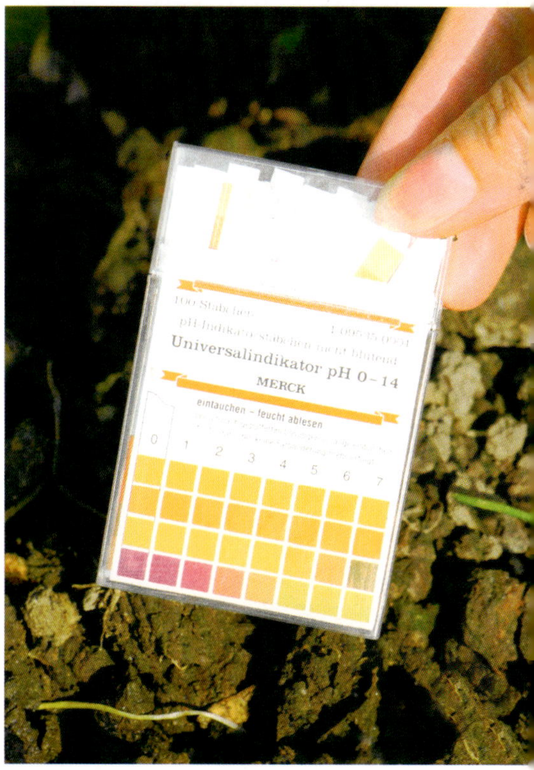

Das Ermitteln des pH-Wertes mithilfe eines Teststreifens ist einfach in der Handhabung und ausgesprochen zuverlässig.

Die wichtigsten Mengen- und Spurenelemente für Pflanzen

Neben Wasser und Kohlendioxid, das die Blätter aus der Luft aufnehmen und im Rahmen der Fotosynthese zu Kohlenhydraten umwandeln, benötigen die Pflanzen zum Wachsen und Gedeihen noch weitere Nährstoffe.

Wie alle Pflanzen benötigen auch der Bärlauch (links) und die Studentenblumen (rechts) neben Wasser und Sonnenlicht verschiedene Mengen- und Spurenelemente.

Letztere nehmen sie in Form kleinster Teilchen, sogenannter Ionen, über ihre Wurzeln auf. In Abhängigkeit von den pro Zeiteinheit benötigten Nährstoffen unterteilt man diese in Mengen- und Spurenelemente (oder auch Makro- und Mikroelemente).

Zu den Mengenelementen, von denen die Pflanzen durchschnittlich mehr als 20 mg/kg Masse benötigen, gehören Stickstoff, Schwefel, Phosphor, Kalium und Kalzium. Im Unterschied dazu liegt der Bedarf an Spurenelementen, zu denen in erster Linie Eisen, Mangan, Bor, Zink, Kupfer, Kobalt, Vanadium und Molybdän gehören, meist deutlich unter 20 mg/kg Masse.

Stickstoff repräsentiert das wichtigste Mengenelement. Er ist Bestandteil aller pflanzlichen Eiweiße, des Erbgutes und des Blattgrüns. Deshalb wächst beispielsweise frisch mit Stickstoff gedüngter Rasen nicht nur hervorragend, sondern weist gleichzeitig auch eine sattgrüne Färbung auf. Dagegen zeigt mit Stickstoff unterversorgter Rasen eine hellgrüne, bleich wirkende Farbe. Das soll allerdings nicht dazu verleiten, an die im Garten kultivierten Pflanzen zu hohe Stickstoffgaben zu verabreichen, weil diese sonst für Bakterien- und Pilzerkrankungen deutlich anfälliger werden.

Phosphor, Kalium und **Magnesium** wirken sich begünstigend auf die Bildung und das Wachstum der Blüten und Früchte aus. Aus diesem Grund enthalten gute Rosendünger auch weniger Stickstoff und dafür etwas mehr Phosphor, Kalium und Magnesium, weil man hauptsächlich daran interessiert ist, dass diese Pflanzen während der Vegetationsphase nahezu ununterbrochen blühen und nicht primär Unmengen von Blättern hervorbringen. Das Magnesium steuert außerdem die Bildung des oft als Chlorophyll bezeichneten Blattgrüns und wirkt im Rahmen des Säure-Basen-Gleichgewichtes als Puffersubstanz, die ein plötzliches, starkes Absinken des pH-Wertes in den Pflanzen verhindert.

Kalzium, landläufig auch als Kalk bezeichnet, ist ebenfalls ein Stabilisator des Säure-Basen-Haushaltes und begünstigt die Stickstoffaufnahme.

Schwefel ist ein unverzichtbarer Bestandteil vieler Proteine (insbesondere in Leguminosen) und pflanzlicher Inhaltsstoffe, wie etwa von Senfölen, die oft in größeren Mengen in den Kreuzblütengewächsen vorhanden sind.

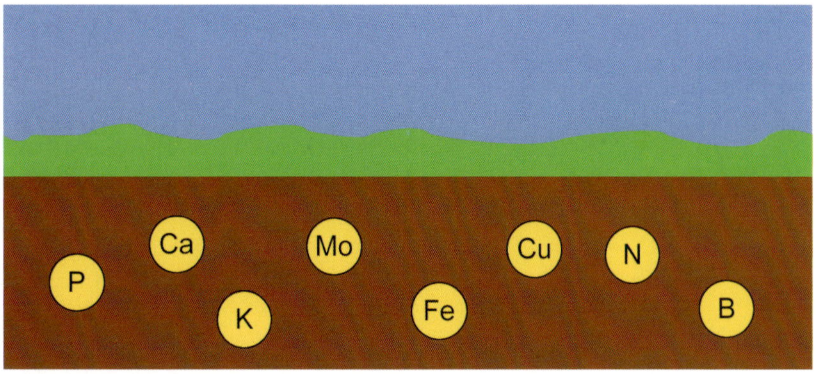

Die Mengen- und Spurenelemente sind in Form von Ionen im Boden enthalten.

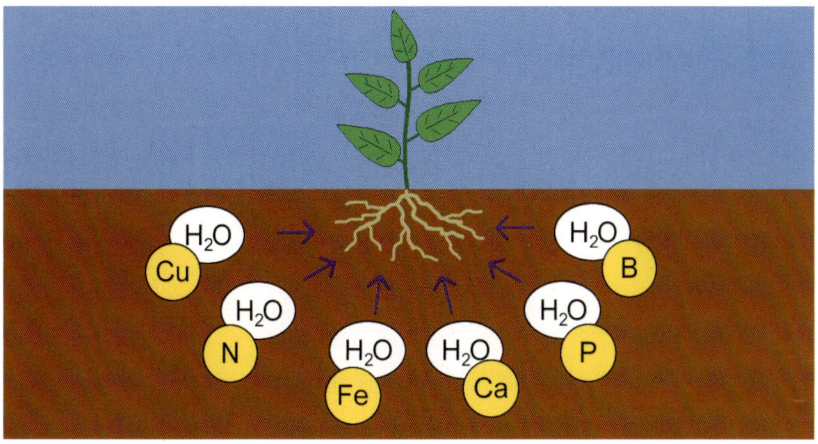

In Wasser gelöst, werden Mengen und Spurenelemente über die Wurzeln aufgenommen.

Keine grüne Pflanze kommt über einen längeren Zeitraum ohne **Eisen** aus, weil es sich dabei um das Zentralatom des Chlorophylls handelt. Außerdem ist Eisen an der Bildung von zahlreichen Kohlenhydraten beteiligt.

Mangan wirkt Wachstumsdepressionen bei Stickstoffüberschuss entgegen, fördert die Bildung von Vitamin C und trägt zum Reifen der Früchte bei.

Bor fördert die Widerstandskraft der Wurzeln und ist wichtig für den Kohlenhydrat- sowie Kalziumstoffwechsel der Pflanzen. Bormangel tritt des Öfteren bei Rosen- und Blumenkohl sowie beim Sellerie auf. Rosenkohl bildet dann nur sehr wenige Röschen aus, die sich vorzeitig öffnen. Blumenkohl verfärbt sich bräunlich und beim Sellerie sterben die jüngsten Blätter ab.

Zink begünstigt die Bildung von Wuchsstoffen in den Pflanzen.

Kupfer wirkt Wachstumsanomalien bei Stickstoffüberschuss entgegen.

Molybdän und **Vanadium** sind vor allem in Leguminosen für die Stickstoffbindung unverzichtbar. Außerdem löst ein Molybdänmangel bei vielen Pflanzen Reduktionen an den Herzblättern aus, die dann entweder verkümmert sind oder gänzlich fehlen können.

Kobalt trägt zur Regulierung der Zellatmung bei.

Bodenstabilisierung und Schattengare

Wenn man die Beete während der Vegetationsperiode niemals längere Zeit brach liegen lässt, sondern kontinuierlich Pflanzen darauf anbaut, entstehen ebenfalls positive Effekte, welche sich vorteilhaft auf die Bodenfruchtbarkeiten auswirken.

So sind beispielsweise auf derartigen Beeten fast immer deutlich verminderte Wind- und Wassererosion zu verzeichnen, weil die Pflanzen zur Stabilisierung der obersten Bodenschicht beitragen, indem sie diese mit ihren Wurzeln festhalten. Außerdem fungieren die Blätter und Stängel als Schutz gegen Wind sowie starke Regenfälle und verhindern so, dass größeren Mengen an fruchtbarem Erdreich weggeweht beziehungsweise weggespült werden. Doch damit nicht genug. Durch ihren Schattenwurf bewirken die Pflanzenblätter auch, dass der Boden langsamer austrocknet. Diese als Schattengare bezeichnete Wirkung

Während der warmen Sommermonate sollten Beete niemals brach liegen, sondern von Kulturen (Erbsen, links) und/oder Blumen (Dahlien, rechts) bestanden sein.

Diese Spinatkultur eignet sich gut als Gründünger. Dabei liefert sie nicht nur dem Edaphon viel Nahrung, sondern trägt außerdem zur Bodenlockerung bei.

erweist sich wiederum als sehr günstig für das Edaphon. Zusätzlich tragen die Regenwürmer durch ihre Grabaktivitäten noch zur Lockerung des Erdreiches bei und helfen mit ihren Ausscheidungen, dessen Humusbilanz zu verbessern.

Damit für die Regenwürmer immer ein ausreichendes Nahrungsangebot vorhanden ist, bieten sich gelegentliche Gründüngungen an.

Zu diesem Zweck kann eine nicht mehr ertragreiche Spinatkultur samt Wurzeln und Blättern einen Spatenstich tief eingegraben werden. Eine weitere Nahrungsquelle für die Regenwürmer sind die vielen Wurzelrückstände, die unter anderem beim Ernten von Zwiebeln und Porree im Boden verbleiben.

Erhaltung und Verbesserung der Bodenqualität

Um eine Verringerung des Humusgehaltes im Boden zu vermeiden, hat es sich bewährt, das Edaphon kontinuierlich »zu füttern«. Diese »Fütterung« kann außer mit Gründünger auch durch ein alljährliches Untergraben von Pferde-, Rinder-, Schweine-, Kaninchen- sowie Geflügelmist erfolgen.

Fast alle industriell hergestellten Düngermischungen, wie auch dieses Blaukorn, enthalten einen mehr oder weniger großen Kalkanteil. Sie eignen sich gut als Kombipartner für Gründünger.

Ebenso stellt junger, also noch in der Verrottung befindlicher Kompost (dieser wird auch als Rohkompost bezeichnet) eine hervorragende Nahrungsgrundlage für das Edaphon dar. Im Unterschied dazu enthält gut verrotteter Kompost bereits einen hohen Humusanteil und würde sogar ohne die Aktivitäten des Edaphons stark Boden verbessernd wirken. Unter der Voraussetzung, dass immer genügend Feuchtigkeit im Boden ist, arbeitet das Edaphon in der wärmeren Jahreszeit besonders intensiv und wandelt pro Zeiteinheit wesentlich größere Mengen an organischer Substanz um als in den Wintermonaten. Diese Tatsache basiert auf der van`t Hoffschen- Temperaturregel, die auch als RGT-Regel bezeichnet wird und besagt, dass alle Stoffwechselprozesse bei einer Temperaturerhöhung um 10 °C doppelt bis dreimal so schnell ablaufen (vorausgesetzt diese Erhöhung nähert sich dem von der jeweiligen Art bevorzugten Temperaturoptimum). Ein Nachteil zahlreicher organischer Dünger besteht allerdings darin, dass sie nicht sämtliche pflanzenerforderlichen Nährstoffe in ausreichendem Maß enthalten.

Frische Stallmistgaben sind für viele Wurzelgemüse, wie etwa diese Roten Rüben oder die dahinter befindlichen Möhren, nicht sonderlich günstig.

Deshalb ist es oft ratsam, sie in Kombination mit mineralischen Düngemitteln, beispielsweise dem reichlich Phosphor enthaltenden Thomasmehl oder Kalkammonsalpeter auszubringen.

Bei der Auswahl der mineralischen Düngemittel sollte man sich immer an den spezifischen Nährstoffbedürfnissen der jeweiligen Pflanzenarten orientieren. Des Weiteren gilt es zu beachten, dass ein frisch mit Stallmist gedüngter Boden für die meisten Wurzelgemüsearten, zu denen beispielsweise Möhren gehören, ungeeignet ist. Derartige Mistgaben bewirken nämlich häufig, dass die unterirdischen Pflanzenteile von Schädlingen, allen voran Insektenlarven, befallen werden, welche man volkstümlich auch als Maden bezeichnet.

Als enorm wichtig hat sich die ausreichende Versorgung des Bodens mit Kalk erwiesen. Dieser trägt zu Anhebung des pH-Wertes bei, sodass sich ein Milieu entwickelt, bei dem die meisten Pflanzen sehr gut gedeihen. Außerdem wirkt Kalk förderlich auf die Krümelstruktur des Bodens und tötet oder unterdrückt zahlreiche krankheitsverursachende Keime und Bakterien.

Neben industriell hergestellten Kalkdüngermischungen eignen sich auch Hornspäne und Knochenmehl sehr gut, weil sie ebenfalls das Element Kalzium in großen Mengen enthalten.

In diesem Zusammenhang noch ein Hinweis: Obwohl sie keine nachhaltige Anhebung des pH-Wertes bewirken können, sollte man trotzdem die im Haushalt anfallenden Eier-

Indem Wasser aus Regentonnen und Zisternen, die mit einer Pumpe gekoppelt sind, zum Gießen genommen wird, schont man Geldbeutel und Umwelt zugleich.

Hinweis:

Um nicht nur die Umwelt, sondern auch den Geldbeutel zu schonen, sollte man – falls es irgendwie möglich ist, das Gießwasser nicht ständig aus der Leitung entnehmen, sondern zumindest einen Teil in Zisternen beziehungsweise Regentonnen auffangen.

schalen, die enorm kalkhaltig sind, niemals achtlos in den Hausmüll, sondern immer in den Komposter werfen. Oftmals wird auch die Bedeutung des regelmäßigen Hackens der Beete unterschätzt. Bloßes Gießen und Düngen reicht bei Weitem nicht, um von einer Kulturpflanze dauerhaft Höchsterträge zu erzielen. Ganz im Gegenteil, Gießwasser schwemmt nur einen Großteil der im Boden enthaltenen Poren zu, wodurch es zu einer erheblichen Beeinträchtigung der Luftzirkulation kommt, die gewöhnlich eine Verdichtung des Erdreichs nach sich zieht. In ein derartig verkrustetes Erdreich kann auch auftreffender Regen nur schwer eindringen, sodass oftmals ein großer Teil ungenutzt wegfließt. Regelmäßiges Hacken wirkt nicht nur diesem entgegen, sondern trägt außerdem zur Erhöhung der Feinkrümeligkeit des Bodens bei.

Die Bedeutung, die das bodenlockernde Hacken für die Beete hat, wird oftmals unterschätzt.

Kompostwirtschaft

Kompost ist ein wertvoller organischer Bodenverbesserer, der in jedem gut bewirtschafteten Nutzgarten als Nebenprodukt anfällt.

Neben dem klassischen Stangen- oder Bretterkomposter etablierten sich in den letzten drei Jahrzehnten auch die sogenannten Thermokomposter in den Gärten.

Allerdings war anfangs so mancher Gartenfreund etwas enttäuscht, weil viele Thermokomposter nicht das hielten, was die Hersteller in ihren Werbeprospekten vollmundig versprachen. So war beispielsweise sehr oft in solchen Prospekten zu lesen: »Kompostfähiges Material einfüllen und nach 14 Tagen fertigen Kompost entnehmen!« Letzterer sah auf den Abbildungen fast immer wie beste Schwarzerde aus. In der Gartenpraxis funktionierte jedoch eine solche Kleinkompostierung nicht in derartig kurzen Zeiträumen, zumindest nicht, wenn der fertige Kompost so aussehen soll, wie in den Prospekten. Es bestehen allerdings einige Möglichkeiten, den Kompostierungsprozess durch verschiedene Maßnahmen erheblich zu beschleunigen. So sollte das zu verkompostierende Material immer möglichst klein gehäckselt sein. Dadurch wird die Oberfläche vergrößert und bietet den Mikroorganismen, die den weiteren Abbau vorantreiben, mehr Angriffsfläche. Weiterhin sind wasserreiche und somit schneller kompostierbare Komponenten, beispielsweise Rasenschnitt oder Möhrenkraut, mit gut geschreddertem Heckenschnitt, Falllaub oder Stroh zu vermischen.

Falls keine derartigen, relativ trockenen Materialen zur Verfügung stehen, besteht unter Umständen die Gefahr, dass die wasserreichen Be-

Offener Gestellkomposter aus Drahtgeflecht

Thermokomposter

Größeres Material wie Zweige und Äste sollte vor dem Kompostieren mit einem Schredder zerkleinert werden.

standteile im Komposter verjauchen. Um das zu verhindern, kann man als Alternative fein zerkleinerte, unbedruckte Pappe untermischen. Damit der Kompostierungsprozess besonders schnell anläuft, kann man ein wenig handelsüblichen Schnellkomposter hinzufügen, der sogenannte Starterkulturen enthält, die sich wiederum positiv auf die Entwicklung und Vermehrung der Mikroorganismen auswirken. Eine andere Möglichkeit besteht darin, eine kleinere Menge von halb umgesetztem Material aus einem vorhandenen Komposter/Komposthaufen zu entnehmen und diese mit den frischen Komponenten zu vermischen. Anschließend füllt man auf das Gemisch eine 20 bis 30 cm hohe Schicht der zu verkompostierenden Komponenten und deckt diese mit etwas Gartenerde ab. Auf letztere wird erneut eine Schicht zu verkompostierendes Material gegeben, die ebenfalls wieder mit Gartenerde abgedeckt wird. In dieser Weise verfährt man weiter, bis der Komposter völlig gefüllt ist. Grundsätzlich läuft die Kompostierung in einem Kleinkomposter umso besser ab, je mehr Füllmasse er enthält. Dadurch steigt nämlich die Temperatur im Kompostmaterial, wodurch die weitere Umsetzung gemäß der van't Hoffschen-Temperaturregel schneller vonstatten geht. Wurde der Komposter einmal fast nur mit Falllaub oder anderem sehr trockenem Material befüllt, sollte man dieses mit ein wenig Wasser aus der Gießkanne vorsichtig besprengen, um so die nötige Feuchtigkeit für ein »effizientes Arbeiten« des Edaphons zu schaffen. Sobald der Kompost richtig durchgerottet ist, wird er ausgesiebt. Die dabei gewonnene Erde bringt man anschließend auf die Beete oder den Rasen. Nach diesem Ausbringen auf die Oberfläche können die wertvollen Inhaltsstoffe des Kompostes über einen relativ langen Zeitraum kontinuierlich ins Erdreich eindringen, wo sie den Pflanzen dann ständig zur Verfügung stehen.

Vor- und Nachteile des Mulchens

Zum Mulchen eines Gartens eignen sich verschiedene organische Materialien, wie etwa klein geschredderte Borke (die gewöhnlich die Handelsbezeichnung »Rindenmulch« trägt), Falllaub, Stroh und frischer Hecken- sowie Rasenschnitt.

Ein mit Stroh gemulchtes Erdbeerbeet

Durch das Ausbringen einer mindestens 3 bis 5 cm hohen Mulchschicht bleibt die Feuchtigkeit aufgrund der dann verringerten Verdunstungsrate länger im Boden erhalten. Das wirkt sich, ähnlich wie die Schattengare, günstig auf das Edaphon aus. Dann halten sich sogar die Regenwürmer während sommerlicher Hitzeperioden verhältnismäßig lange im oberflächennahen Erdreich auf und ziehen sich erst in tiefere Schichten zurück, wenn dieses völlig austrocknet, was aber seltener geschieht.

Auf die Baumscheiben wird Rindenmulch gegeben, damit der Boden um den neugepflanzten Obstbaum länger feucht bleibt.

Als Nebeneffekt verhindert beziehungsweise erschwert eine Mulchschicht die Entwicklung von Unkräutern, wodurch das von vielen als wenig angenehm empfundene Jäten wesentlich seltener durchgeführt werden muss. Von besonderer Bedeutung ist die Tatsache, dass sich auch der Mulch im Laufe der Jahre allmählich zu Humus umwandelt und auf diese Weise wiederum zur Erhöhung der Bodenfruchtbarkeit beiträgt.

Ein Nachteil des Mulchen besteht darin, dass sich gern die unbeliebten Nacktschnecken, wie hier die Spanische Wegschnecke, in diese Schicht zurückziehen.

Beim Kauf von losem Rindenmulch sollte man darauf achten, dass dieser möglichst nicht von Eichen oder Erlen stammt, weil beide Baumarten große Mengen an Gerbsäuren enthalten. Die Gerbsäuren tragen zu einer Versauerung des Bodens und somit zu einer Qualitätsminderung bei. Ein Nachteil des Mulchens besteht allerdings darin, dass sich viele Nacktschnecken während der wärmeren Tagstunden in diese feuchtere Schicht zurückziehen. Zu allem Überfluss legen sie unter der schützenden Mulchschicht noch häufig ihre Eier ab.

Wertvolle Leguminosen

Zur Verbesserung der Bodenqualität sollte man in regelmäßigen Abständen auch Leguminosen anbauen, zu denen unter anderem Bohnen und Erbsen gehören.

Leguminosen wie diese Stangenbohnen tragen zu Erhöhung der Stickstoffbilanz des Bodens bei.

Auf den Wurzeln der Leguminosen haben sich sogenannte Knöllchenbakterien in bauchartig aussehenden Verdickungen angesiedelt, mit denen diese Pflanzen in Symbiose leben.

Unter einer Symbiose versteht man das sehr enge Zusammenleben von zwei Arten, welches auf gegenseitigen Nutzen ausgerichtet ist. Die Knöllchenbakterien sind in der Lage, große Mengen an Luftstickstoff zu binden, den sie ihrem Symbiosepartner zur Verfügung stellen. Im Gegenzug erhalten diese Bakterien Kohlenhydrate, die die Erbsen und Bohnen im Rahmen ihrer Fotosynthese produzieren.

Lupinen sind wertvolle Leguminosen für Blumenbeete.

Aufgrund des hohen Stickstoffgehaltes an und in den Leguminosen sollte man auch nie den Fehler begehen, sie nach der Ernte aus dem Boden zu ziehen und anschließend zu entsorgen.

Das wäre eine Verschwendung von Gratisstickstoffdünger. Wesentlich sinnvoller ist es, die Pflanzen sofort nach dem Abernten einzugraben und so sowohl die Stickstoff- als auch die Humusbilanz des Bodens zu verbessern.

Zur Grün- und Stickstoffdüngung von Blumenbeeten eignen sich Lupinen und Edelwicken sehr gut, weil es sich bei ihnen ebenfalls um Leguminosen handelt. Allerdings muss das Eingraben dieser Pflanzen vor ihrer Samenreife erfolgen, weil sonst im Folgejahr überall Wicken und Lupinen in den Blumenbeeten erscheinen würden.

Pflanzenschäden – Ursache und Prophylaxe

Ungünstiger Standort und Pflegefehler

Pflanzenkrankheiten –
Bakteriosen und Virosen

Schmarotzende Pilze und Tiere

Fruchtmumien als Winterquartier für
Parasiten und Krankheiten

Mischkulturen und Fruchtfolgen

Lock- und Abwehrpflanzen

Jauchen, Brühen, chemische
Pflanzenschutzmittel

Schutznetze, Leimringe, Farbtafeln,
Pheromonfallen

Kalkanstriche

Ungünstiger Standort und Pflegefehler

So manchem Gartenfreund bereiten einige seiner Beetkulturen oder Zierpflanzen immer wieder Verdruss, weil sie nicht so recht gedeihen wollen. Im Vergleich zu üppigen und vor Vitalität regelrecht strotzenden Exemplaren, die oftmals in Gartenkatalogen oder Zeitschriften präsentiert werden, wirken die eigenen Exemplare dann sogar noch mickriger.

In sehr vielen Fällen ist ein derartiges Kümmerwachstum aber nicht auf Krankheiten, sondern auf ungünstige Standorte und/oder Pflegefehler zurückzuführen.

So handelt es sich beispielsweise bei dem überwiegenden Teil der Gemüsepflanzen um ausgesprochene »Sonnenkinder«, die an sehr hellen, wärmeren Standorten am besten gedeihen. Außerdem fühlen sich die meisten dieser Pflanzen, stellvertretend sei die Möhre genannt, in lockeren, humusreichen Böden am wohlsten. Werden die Möhren dagegen auf schweren, stark verdichteten Böden angebaut, die wohlmöglich noch mit zahlreichen größeren Steinen durchsetzt sind, können sie sich nicht normal entwickeln. Derartige Entwicklungsdepressionen äußern sich beispielsweise in Verkrüppelungen, starken »Verzweigungen« des Möhrenkörpers sowie in einer übermäßigen Ausbildung von feinen Haarwurzeln. Im Unterschied zu den Gemüsearten existieren unter den Gartenblumen wesentlich mehr Vertreter, die lieber einen halb- oder vollschattigen Standort bevorzugen. Zu diesen Arten gehören beispielsweise die auch als Funkien oder Hostien bezeichneten Herzlilien, *Hosta spec.*, und der Bärlauch, *Allium ursinum.*

Ein häufiger Pflegefehler besteht oft schon darin, junge Pflanzen, beispielsweise Astern, Knollensellerie und Kohlarten, zu tief in den Boden einzusetzen. Prinzipiell sollte das Herzblatt dieser Pflanzen niemals von Erde bedeckt werden.

Ganz anders verhält es sich mit jungen Porreepflanzen. Diese müssen mindestens 10 bis 15 cm tief eingepflanzt werden, damit sie später lange dicke Schäfte bilden. Außerdem sind vor dem Einpflanzen die Wurzeln etwas zu kürzen und die Blätter um etwa ein Drittel zurückzuschneiden.

Auch Gießen will gelernt sein. Grundsätzlich sollte man die Pflanzen nie während der heißen Mittagstunden, sondern am Morgen beziehungsweise Abend gießen, wenn es kühler ist und die Sonne weniger Kraft hat. Würde man dagegen das Wasser während der heißen Mittagstunden auf die Pflanzen der Blätter gießen, wirken die dann anhaftenden Tröpfchen wie kleine Prismen, die das Sonnenlicht bündeln und Verbrennungen auf dem Laub verursachen können. Manche Pflanzen, allen voran die Tomaten, mögen es allerdings grundsätzlich nicht, wenn Wasser auf ihre Blätter gelangt, wodurch unter anderem die Entwicklung der gefürchteten Braunfäule begünstigt wird. Gleichzeitig ist auch die verabreichte Wassermenge von entscheidender Bedeutung, denn keine Gemüseart möchte ständig im Matsch oder in staunassen Böden stehen, wohl aber in leicht feuchten. Letztere werden vom Gärtner auch als frische Böden bezeichnet. Auf solchen, weitgehend gleichmäßig feucht gehaltenen Böden lassen sich beispielsweise besonders zarte, schmackhafte Radieschen erzeugen.

Beim Pflanzen von Neuerwerbungen, gleichgültig, ob es sich dabei um Blumen oder junge Salatpflanzen handelt, unterlassen manche Gartenfreude das sogenannte Angießen.

Die Pflanztiefe sollte bei Astern, Sellerie und Kohl immer so gewählt werden, dass die Herzblätter nie vom Erdreich bedeckt sind.

Das Angießen von neu in die Erde gesetzten Pflänzchen sollte niemals unterlassen werden.

Doch durch dieses Angießen sowie das vorherige intensive Wässern der Wurzelballen erreicht man mehrere positive Effekte.

Zum einen erhalten die Pflanzen beim Umsetzen in ein neues Bodenmilieu eine ausreichende Startversorgung mit Wasser und zum anderen trägt das Angießen dazu bei, dass viel Luft aus dem Boden entweicht und somit keine größeren Hohlräume zurückbleiben. Dadurch gewährleistet man, dass die zarten Wurzelhaare der Pflanzen weder austrocknen beziehungsweise nach dem Einsetzen in den Boden im wahrsten Sinne des Wortes in der Luft hängen, sondern sofort viel Kontakt zu dem umgebenden Erdreich haben. So können sich die Wurzelhärchen dann schneller verankern und mit der Aufnahme von weiterem Wasser sowie Nährstoffen beginnen.

Eine häufige Unsitte ist der Raubbau an Rhabarberpflanzen. Die Ernte, die sich von April bis Juni erstrecken kann, sollte grundsätzlich erst im zweiten Jahr beginnen und auch dann müssen mindestens noch zwei Drittel der Blätter an der Pflanze bleiben. Denn nur mithilfe dieser Blätter kann der Rhabarber eine ausreichende Fotosynthese betreiben, die zu seiner eigenen Regeneration erforderlich ist. Außerdem sollte man bei Rhabarber die Stängel nicht mit einem Messer oder einer Schere abschneiden, sondern einfach an der Stielbasis ausbrechen. Die Ernte des in der Küche sehr geschätzten Schnittlauchs kann zwischen April und Oktober kontinuierlich erfolgen. Dabei ist es ratsam, ihn etwa 2 bis 3 cm über dem Boden und nicht ebenerdig abzuschneiden, weil sich die Pflanzen sonst ebenfalls schlechter regenerieren.

Im ersten Jahr nach dem Pflanzen ist es zweckmäßig, den Rhabarber noch nicht zu ernten, damit er sich kräftig entwickeln kann.

Pflanzenkrankheiten – Bakteriosen und Virosen

Schädliche Bakterien und Viren stellen die Hauptverursacher von Pflanzenkrankheiten dar, welche man – je nach Erreger – als Bakteriosen beziehungsweise Virosen bezeichnet.

Bei den Bakterien handelt es sich vorwiegend um einzellige, zumeist chlorophyllfreie, mikroskopisch kleine Lebewesen, die sich von den Pilzen vor allem durch das Fehlen eines echten Zellkerns unterscheiden. Die Vermehrung der Bakterien erfolgt fast immer durch Querteilung. Unter günstigen Umweltbedingungen teilen sie sich mehrmals stündlich, wobei die ursprünglichen Bakterien als Mutter- und die neu entstandenen als Tochterzellen bezeichnet werden. Zur Aufrechterhaltung ihres eigenen Stoffwechsels entziehen die Bakterien den Pflanzen komplexe organische Substanzen, die aus Kohlen- und Stickstoffverbindungen bestehen. Neben ausreichender Nahrung wirken sich eine hohe Luftfeuchtigkeit, Tropfwasser und Temperaturen von 20 bis 33 °C ebenfalls begünstigend auf das Wachstum sowie eine rasche Vermehrung der Bakterien aus.

Das Infizieren mit Bakterien kann auf folgende Weisen geschehen:

- Die Bakterien dringen aktiv oder passiv durch natürliche Pforten ein, wie sie beispielsweise die Spaltöffnungen in den Blättern darstellen.

Von Erwinia carotovora *befallener Kartoffelbestand. Die Blätter zeigen Welke- und die Stängel Fäulniserscheinungen.*

An diesen schwarzen Stellen kann man den Befall mit Erwinia carotovora *deutlich erkennen.*

- Sie erhalten eine Passage über Wunden: zum Beispiel nicht behandelte Schnittstellen nach dem Absägen von Ästen.
- Letztlich stellen die Teile der Pflanze, die nicht mit einer schützenden, wachsähnlichen Kutinschicht überzogen sind, wie das bei den Wurzelhärchen und den Blütennarben der Fall ist, dauerhafte Eintrittspforten dar.
- Bakterien können auch durch tierische Schmarotzer, die an den Pflanzen fressen oder an diesen Saft saugen, übertragen werden.

Allerdings lösen viele Bakterienarten zumeist nicht sofort eine Erkrankung aus, sondern sie leben erst einige Zeit recht unauffällig in den Pflanzen und verursachen dabei keine erkennbaren Krankheitsanzeichen. Typische Beispiele hierfür sind die Bakterien *Erwinia carotovora* und *Erwinia amylovora*, die später die Knollennassfäule bei der Kartoffel beziehungsweise den Feuerbrand bei Obstgehölzen auslösen.

Bei den Viren handelt es sich um maximal 200 nm große Erreger, die befähigt sind, in Zellen zu existieren, ohne selbst zelluläre Lebewesen zu sein. Sie enthalten ein Programm, mit dessen Hilfe sie sich vermehren und ausbreiten können, wobei sie keinen eigenen Stoffwechsel besitzen, sondern auf den ihrer jeweiligen Wirtspflanze beziehungsweise ihres Wirtstieres angewiesen sind. Alle Viren, die bei den Pflanzen Erkrankungen auslösen, können nur über Wunden in das Gewebe eindringen, wobei als Überträger sowohl Tiere, Pflanzenpollen, Pilze, Gartengeräte und selbstverständlich auch Menschen in Frage kommen. Aufgrund der Tatsache, dass sich zahlreiche pflanzliche Virosen nur schwer und unter großem Zeitaufwand bekämpfen lassen, richten die meisten Gartenfreunde ihr Hauptaugenmerk nicht auf die eigentliche Therapie, sondern auf die Prophylaxe. Sie sind also bestrebt, eine möglichst umfassende Infektionsverhütung zu betreiben, indem beispielsweise nur gesundes Pflanz- und Saatgut verwendet wird, das aus anerkannten Gartenbaubetrieben stammt. Falls doch einmal einzelne Pflanzen erkranken, werden diese nicht selten sofort aus dem Bestand genommen, um eine Übertragung der Viren beziehungsweise eine Ausbreitung der Krankheit zu unterbinden. Eine der bekanntesten und zugleich im Obstbau sehr gefürchteten Virosen ist die durch das Scharka-Virus verursachte, meldepflichtige Scharka-Krankheit, die bei Pflaumen, Aprikosen und Pfirsichen auftreten kann. Diese Erkrankung äußert sich darin, dass die von tiefen Rillen und pockenartigen Eintellungen überzogenen Früchte frühzeitig abfallen. Parallel dazu können bräunliche Verfärbungen auf den Blättern erscheinen oder letztere sterben sogar gänzlich ab. Die Übertragung der Scharka-Krankheit erfolgt durch Blattläuse.

Von der Scharka-Krankheit infizierte Pflaumen.

Schmarotzende Pilze und Tiere

Bei den Pilzen handelt es sich um chlorophyllfreie, ein- oder vielzellige Pflanzen, die mit echten Zellkernen ausgestattet sind. Allerdings ist ihr Vegetationskörper noch nicht in eine Sprossachse, Wurzel und Blätter untergliedert, weshalb man sie, zusammen mit Algen und Flechten, auch oft in die Rubrik der sogenannten niederen Pflanzen einordnet.

Aufgrund der Tatsache, dass Pilze keine Fotosynthese betreiben können, müssen sie die für ihre Existenz notwendigen Nährstoffe aus den Stoffwechseln anderer Lebewesen beziehen. Das erfolgt bei zahlreichen im Erdreich lebenden Pilzen, indem sie tote organische Materialien abbauen und auf diese Weise zur Bildung von Humus beitragen. Dagegen führen andere Pilze eine rein parasitische Lebeweise. Sie siedeln sich auf oder manchmal auch in anderen Pflanzen sowie Tieren an und schädigen diese durch einen mehr oder weniger kontinuierlichen Nahrungsentzug. Dabei verursachen sie oft schwere Pflanzenerkrankungen, welche wiederum sehr starke Ertragseinbußen oder sogar Totalausfälle (wenn die Pflanzen infolge des Pilzbefalls absterben) nach sich ziehen. Zu den wichtigsten parasitisch lebenden Pilzen gehören beispielsweise die mikroskopisch kleinen Vertreter *Gymnosporangium fuscum* (Synonym: *Gymnosporangium sabinae*) und *Nectria galligena*, die den Birnengitterrost beziehungsweise den Obstbaumkrebs verursa-

Der Hallimasch ist nicht nur ein Speisepilz, sondern auch ein Baumparasit.

Auch der Austernseitling lebt schmarotzend an Bäumen und kann diese stark schädigen.

chen. Neben diesen mikroskopisch kleinen Arten können auch einige sehr große Vertreter, die sich zum Teil sogar einer großen Beliebtheit als Speisepilze erfreuen, dem Gärtner Verdruss bereiten. Zu diesen Arten gehören beispielsweise der Hallimasch, *Armillaria mellea*, und der Austernseitling, *Pleurotus ostreatus*, die sich sowohl an Laub- als auch an Nadelgehölzen ansiedeln können.

Unter den Tieren existieren zahlreiche Arten, die sich in ihrer Ernährung weitgehend oder sogar gänzlich auf Gemüsepflanzen, Obstgehölze und Gartenblumen spezialisiert haben. Bei diesen Tieren handelt es sich gewöhnlich um saugende oder beißende Schädlinge. Letztere bewirken bei den Pflanzen echte Gewebeverluste beziehungsweise -zerstörungen, die sich beispielsweise in Loch-, Skelettier-, Kahl-, Minier-, Schabe- und Kaufraß äußern. Zu den beißenden Schädlingen gehören Schnecken, Käfer, Schmetterlingsraupen und Schadnager, wie die Erd- und Wühlmäuse. Bei den saugenden Schädlingen handelt es sich um Parasiten im klassischen Sinne. Sie verursachen bei den Pflanzen mehr oder weniger große Substanzverluste, indem sie deren Zellsäfte absaugen. In die dabei entstehenden Wunden injizieren die Parasiten oft nicht nur Ausscheidungsprodukte, die Wuchsanomalien hervorrufen, sondern in vielen Fällen werden auch Viren und Bakterien übertragen, die Sekundärerkrankungen bewirken.

Blattläuse ernähren sich vom frischen Laub fast aller Pflanzen.

Zu den tierischen Schädlingen gehören unter anderem Tausendfüßler (oben) und Maulwurfsgrillen (unten).

Fruchtmumien als Winterquartier für Parasiten und Krankheiten

Viele Gartenfreunde, die Obstgehölze und Weinreben pflegen, empfinden Sommer und Frühherbst als die schönste Zeit des Jahres, weil dann geerntet wird. Je nach Höhe des Gehölzes erfolgt dabei die Ernte mit oder ohne Leiter – und nach ein paar Stunden ist das Obst zumeist weitgehend abgepflückt. Aber wohlgemerkt: oft nur weitgehend!

An so manchem in die Höhe ragendem Ast werden nicht selten ein paar vereinzelte Früchte hängen gelassen, weil diese beim normalen Pflücken nicht zu erreichen waren. Doch auf diese Weise werden nahezu ideale Winterquartiere für zahlreiche pilzliche Krankheitserreger geschaffen.

Durch Austrocknungsprozesse und/oder Schimmelpilzbefall entwickeln sich in den folgenden Wochen aus den hängen gelassenen Früchten sogenannte Fruchtmumien, in denen beispielsweise die Erreger der Fruchtfäule, *Monilia fructigena*, die kalte Jahreszeit überdauern.

Sollte man wegen des reichlichen Laubes zur Erntezeit tatsächlich einige Früchte übersehen oder bewusst hängen gelassen haben, müssen die sich daraus entwickelten Fruchtmumien spätestens Anfang Februar entfernt werden, damit die eventuell darin vorhandenen Krankheitserreger die Gehölze während der im April einsetzenden Blühphase nicht infizieren können. Dabei ist es wichtig, dass die Fruchtmumien entweder in der Restmülltonne entsorgt, verbrannt oder tief vergraben, jedoch keinesfalls in den Komposter geworfen werden. Das im Komposter vorherrschende Milieu ist nämlich fast nie geeignet, Krankheitserreger abzutöten, sondern begünstigt stattdessen oft noch deren weitere Entwicklung.

Fruchtmumien

Mischkulturen und Fruchtfolgen

Durch sinnvoll abgestimmte Fruchtfolgen lassen sich ohne zusätzlichen Aufwand in Gemüse-, Erdbeer- und Kräuterbeeten zahlreiche positive Nutzeffekte erzielen. Letztere reichen beispielsweise von Einsparungen an Stickstoffdüngemitteln über eine verminderte Anfälligkeit der Pflanzen für Krankheiten bis hin zu höheren Erträgen pro Quadratmeter.

Tomaten gehören zu den typischen Hauptfrüchten.

Haupt-, Vor- und Nachfrüchte

Unter einer Fruchtfolge versteht man die Reihenfolge der Nutzpflanzen, die über einen mehrjährigen Zeitraum auf einem Beet beziehungsweise einer Fläche angebaut werden. Dabei unterteilt man Nutzpflanzen in Haupt-, Zwischen-, Vor- und Nachfrüchte. Zu den Hauptfrüchten rechnet man alle Arten, die während eines Großteils der Vegetationsperiode auf dem Beet stehen müssen, um die erforderliche Reife beziehungsweise akzeptable Erträge zu erreichen. In diese Kategorie gehören beispielsweise Möhren, Tomaten, Sellerie und Schwarzwurzeln.

Bei den Vor- und Nachfrüchten handelt es sich um schnellwüchsige Arten, denen schon ein verhältnismäßig geringer Teil der Vegetationsperiode genügt, um die gewünschten Erträge zu liefern, und die deshalb unmittelbar vor oder nach einer Hauptfrucht kultiviert werden. Zu den häufig ausgesäten Vor- und Nachfrüchten gehören Radieschen, Kresse und Spinat.

Bei der Zusammenstellung der Fruchtfolgen sowie der Auswahl von

Radieschen sind sehr häufig kultivierte Vor- sowie Nachfrüchte.

Vor- und Nachfrüchten muss unbedingt darauf geachtet werden, dass man nicht mehrere Jahre nacheinander eng verwandte Arten, beispielsweise Kohlrabi, Rotkohl und Wirsing, auf dem gleichen Beet pflegt. Und das aus mehreren Gründen. So geben nämlich fast alle Pflanzen über ihre Wurzel Stoffe an den Boden ab, die auf das Wachstum verschiedener, insbesondere eng verwandter Arten hemmend wirken. Außerdem gleichen sich bei eng verwandten Arten die Nährstoffansprüche weitgehend, was dazu führen kann, dass einige chemische Substanzen, etwa Kalzium, Eisen und Bor, in überdimensional großen Mengen aufgenommen werden. Ohne ganz gezielte Düngemittelgaben sind die betroffenen Beete dann oft nicht mehr in der Lage, ihre Bodenfruchtbarkeit in ausreichendem Maße zu regenerieren. Eine ähnliche Situation kann auch entstehen, wenn über einen mehrjährigen Zeitraum ausschließlich stark Nährstoff zehrende Pflanzen, zu denen unter anderem Rotkohl, Rosenkohl, Kartoffeln, Gurken, Kürbisse, Porree und Sellerie gehören, ununterbrochen auf dem gleichen Beet angebaut werden. Um einer derartigen Auszehrung des Bodens entgegen zu wirken, bietet es sich beispielsweise an, regelmäßig Leguminosen und/oder Ackersenf sowie Büschelschön, das oft auch als Bienenweide oder *Phacelia* bezeichnet wird, auf diesen Beeten zu kultivieren. Sowohl den Senf als auch das Büschelschön gräbt man als Gründünger ein, wodurch man eine Verbesserung der Humus- und Kohlenstoffbilanz im Boden erreicht.

Zweckmäßiges Neben- und Miteinander

Indem man auf benachbarten Beeten beziehungsweise Reihen unterschiedliche Gemüse- und Kräuterarten richtig miteinander kombiniert, lassen sich sowohl das Risiko des Auftretens von Krankheiten als auch ein Befall durch Pflanzenschädlinge eindämmen oder sogar gänzlich vermeiden. Außer den Blüten sondern auch die Blätter und Stängel vieler Pflanzen Duftstoffe ab, welche von zahlreichen tierischen Schädlingen als unangenehm empfunden werden, weshalb sie die Nähe solcher Kulturen meiden. So halten beispielsweise Knoblauch und Speisezwiebeln, die dicht neben oder direkt in Möhrenbeeten platziert werden, des Öfteren die Möhrenflie-

Mischkultur aus Möhren und Zwiebeln

Bohnenkraut hält die Schwarze Bohnenlaus fern.

ge fern, deren kleine, wurmförmige Larven zahlreiche Gänge in die Karotten fressen.

In diesem Zusammenhang noch ein weiterer Tipp: Bevor Möhrensamen auflaufen, vergehen oftmals 25 bis 30 Tage. Damit der Reihenverlauf schon früh sichtbar wird, säen viele Gartenfreunde ein paar Radieschen als sogenannte Markierungssaat mit aus. Einen analogen Effekt, der, wie erwähnt, noch eine Schädlinge abschreckende Wirkung hat, erreicht man, indem einige Steckzwiebeln zur Markierung in die Möhrenreihen gepflanzt werden. Gleiches lässt sich bei der Aussaat von Rote Bete, die in vielen Gegenden auch als Rote Rübe bezeichnet wird, praktizieren.

Ein weiteres Bespiel für empfehlenswerte Misch- beziehungsweise Nachbarkulturen sind Bohnen und Bohnenkraut. Letzteres hält nicht nur die Schwarze Bohnenlaus fern, sondern wirkt sich darüber hinaus auch förderlich auf das Wachstum und die Aromabildung der Bohnen aus. Ähnlich wie Bohnenkraut wird auch Basilikum gern und häufig in der Küche verwendet. Neben Tomaten oder Kohl platziert, verhindert es einen Befall durch Mehltaupilze und Weiße Fliegen.

Zu den sehr unbeliebten tierischen Schadinsekten gehören die Lauchmotten, deren Larven im Porree parasitieren. Indem Rettiche auf einem Nachbarbeet kultiviert werden, kann man jedoch einen derartigen Lauchmottenlarvenbefall von vornherein verhindern und bessere Erträge erzielen.

Lock- und Abwehrpflanzen

Unter den Gartenpflanzen existieren einige Arten, deren Nähe von bestimmten Schädlingen gemieden wird. So werden beispielsweise Akelei, Bartnelken, Roter Fingerhut und Kapuzinerkresse niemals von Spanischen Wegschnecken behelligt.

Ähnliches gilt für die schwach giftigen Buchsbäume, die einen Duft verströmen, den diese Weichtiere überhaupt nicht mögen. Deshalb eignen sich kleine Buchsbaumhecken sehr gut als Begrenzungen von Beeten, auf denen Pflanzen, wie etwa Dahlien, gepflegt werden, die von Schnecken besonders gern gefressen werden.

Damit sich bei Neuanpflanzungen schnell eine dichte Heckenstruktur entwickelt, empfiehlt es sich, mindestens 5 bis 6 Buchsbäumchen, deren Höhe 15 bis 20 cm beträgt, pro laufendem Meter zu pflanzen.

Manche Gartenfreunde umpflanzen auch Beete, auf denen sich besonders schützenswerte Pflanzen befinden, mit Rabatten aus Studentenblumen. Diese Blumen gehören zu den Leckerbissen für die unliebsamen Nacktschnecken, die sich dann oft nicht mehr an den restlichen Gartenpflanzen vergreifen.

Allerdings sollte man in diesem Zusammenhang einmal überlegen, ob es nicht sinnvoller wäre, die Schnecken intensiv zu bekämpfen anstatt sie zu mästen und ihnen somit nahezu optimale Voraussetzungen für ihre Vermehrung zu bieten.

Dahlien sind ein Leckerbissen für Schnecken, können aber durch eine Umpflanzung mit Buchsbaumhecken wirksam geschützt werden.

Spanische Wegschnecken fressen nie an Akelei (oben) oder Bartnelken (unten).

Für Rosen wird oftmals Lavendel als Partnerpflanze empfohlen, weil er angeblich die Blattläuse fernhalten soll. Bei vielen Rosenfreunden hat sich aber diese biologische Form der Blattlausbekämpfung kaum oder gar nicht bewährt. Möglicherweise sind schon zahlreiche Blattlausstämme gegen den Lavendelduft derartig immun geworden, dass er sie nicht mehr stört, wenn sie sich an den Rosen aufhalten.

Auch der Rote Fingerhut ist bei Schnecken unbeliebt.

Jauchen, Brühen, chemische Pflanzenschutzmittel

Es wird oft propagiert, dass sich vor allem Blattläuse mit Seifenlösungen und allerlei Jauchen und Brühen vertreiben lassen, die auf biologischer Basis hergestellt wurden.

Ehrlichweise muss man aber zugeben, dass ein Großteil solcher Jauchen und Brühen sich wirklich nur im vorsorglichen Einsatz bewährt hat. Zu diesem Zweck müssen Pflanzen bereits vor einem Massenauftreten der Blattläuse in drei- bis fünftägigen Abständen mit einer solchen Lösung besprüht beziehungsweise übergossen werden. Dabei ist darauf zu achten, dass die Lösung auch an die Blattunterseiten gelangt.

Falls es dagegen auf den Pflanzen schon regelrecht von Blattläusen oder anderen hartnäckigen Schädlingen, wie Spinnmilben oder Weißen Fliegen wimmelt, ist eine Vernichtung dieser Schädlinge oft nur mithilfe eines industriell hergestellten Pflanzenschutzmittels möglich. Dabei sollte man Produkte bevorzugen, die keine schädigenden Nebenwirkungen für Vögel und Nutzinsekten haben. Im Normalfall ist diese Information auf den Verpackungen der jeweiligen Produkte aufgedruckt. Außerdem sollte man beim Einsatz von Pflanzenschutzmitteln niemals nach dem Motto »Viel wird schon viel helfen« verfahren, sondern immer die Gebrauchshinweise des Herstellers befolgen. Oftmals erzielt man nämlich bessere Erfolge, wenn man ein Mittel zwei- oder dreimal in geringeren Dosen anwendet, als einmal eine Überdosis auf die Pflanzen zu sprühen.

Herstellen von Brennnesseljauche

Vorab sei noch erwähnt, dass Brennnesseljauche nicht nur ein Mittel zur prophylaktischen Blattlausbekämpfung, sondern gleichzeitig auch ein sehr guter Pflanzendünger ist. Es schadet also nicht, wenn dieses Mittel im Dahlienbeet relativ häufig zum Einsatz kommt.

Zur Herstellung von 30 Litern Jauche werden etwa 4 bis 5 kg frische Brennnesseln benötigt. Diese zerkleinert man grob mit der Gartenschere und gibt sie in einen großen Behälter, beispielsweise eine leere Regentonne oder saubere Mörtelwanne. Nach dem anschließenden Hinzugießen des Wassers muss das Ganze mindestens fünf Tage an einem sonnigen, warmen Platz stehen.

Während dieser Zeit entwickelt sich der Aufguss zu einer nicht sonderlich angenehm riechenden Jauche, aus der man vor dem Versprühen beziehungsweise Vergießen noch die teilverrotteten Brennnesselstücke entfernen muss. Zu diesem Zweck wird über einen leeren Eimer ein Stück Sackleinen gespannt, welches als Filter fungiert. Die beim Umgießen in den Eimer aufgefangene Flüssigkeit lässt sich anschließend sofort als Prophylaxemittel verwenden.

Alternativ lassen sich zur Herstellung von Jauchen auch die Blätter von Adlerfarn, Rhabarber, Lavendelpflanzen und Rainfarn verwenden. Von letzterem werden etwa 500 bis 1000 g frische Pflanzen mit 10 Liter Wasser versetzt. Anschließend lässt man das Ganze 3 bis 4 Tage ziehen. Die während dieser Zeit entstandene Brühe kann beispielsweise zur Bekämpfung von Erdbeerblütenstechern, Milben und Himbeerkäfern eingesetzt werden.

Herstellen von Pflanzenjauche

1 *Die gesammelten Pflanzen werden sorgfältig zerkleinert.*

2 *Das Schnittgut wird in einen Eimer gefüllt und anschließend mit Wasser übergossen.*

3 *Nach einigen Tagen hat sich eine intensiv riechende Jauche gebildet.*

4 *Vor dem Versprühen wird die Jauche gefiltert, um die Blattrückstände zu entfernen.*

Auch aus den Blättern des Rainfarns (oben) oder des Adlerfarns (unten) kann eine wirksame Brühe hergestellt werden.

Schutznetze, Leimringe, Farbtafeln, Pheromonfallen

Es gibt noch zahlreiche andere Möglichkeiten, sowohl Zier- als auch Nutzpflanzen vor Schädlingen und Parasiten zu schützen.

Schutznetze

Indem man Beete, auf denen Radieschen, Rettiche, Kohlarten, Möhren, Lauch und Zwiebeln stehen, mit sogenannten (Kultur-)Schutznetzen abdeckt, lässt sich ein Befall durch Insektenlarven verhindern. Bei diesen in Fachmärkten erhältlichen Schutznetzen handelt es sich um äußerst feinmaschiges Gewebe, das für die meisten Insektenarten unpassierbar ist, sodass diese ihre Eier nicht an den Kulturpflanzen ablegen können. Beim Abdecken mit Netzen muss allerdings auf einen guten Abschluss der Randbereiche geachtet werden (indem man diese beispielsweise mit Steinen und/oder Brettern beschwert), um auf diese Weise ein Hindurchkriechen von Schadinsekten zu vermeiden.

Leimringe und Wellpappegürtel

Als mechanischer Schutz für Obstgehölze und Ziersträucher eignen sich sowohl Leimringe als auch Wellpappegürtel. Die ebenfalls im Fachhandel erhältlichen Leimringe bestehen aus Papier oder Kunststoffgewebe, das mit klebrigen Substanzen beschichtet wurde. Mithilfe

Leimring

Wellpappegürtel

dieser Leimringe, die man um die Stämme bindet, werden unter anderem die flugunfähigen Weibchen des Frostspanners sowie Ameisen und Blattläuse gefangen, die an den Gehölzen empor klettern wollen. Ein ähnlicher Effekt lässt sich an Apfel- und Pflaumenbäumen auch mit Wellpappegürteln erzielen. Zu diesem Zweck bindet man zwischen Ende Mai und Anfang Juni, etwa 10 bis 20 cm über dem Boden einen mindestens 15 cm breiten Wellpappestreifen um die Stämme dieser Gehölze. Sowohl die Larven des Apfel- als auch des Pflaumenwicklers nehmen derartige Verstecke gern an. In wöchentlichen Abständen kontrolliert man die Wellpappestreifen und tauscht sie, wenn sich bereits Larven eingenistet haben, gegen neue aus. Ähnlich wie die Leimringe funktionieren auch die Farbtafeln. Dabei handelt es sich um leuchtend gelbe, mit klebrigen Substanzen bestrichene Platten, die für eine Vielzahl von Schädlingen, wie etwa geflügelte Blattläuse, Weiße Fliegen und Trauermücken äußerst attraktiv sind. Angelockt durch die gelbe Farbe, begeben sich die Insekten auf diese Tafel, wo sie dauerhaft kleben bleiben.

Pheromonfallen

Pheromonfallen enthalten artspezifische weibliche Sexuallockstoffe, die auf die Männchen verschiedener Schmetterlingsarten, beispielsweise des Apfel- sowie des Pflaumenwicklers, eine unwiderstehliche Anziehungskraft ausüben.

Sobald sich ein Männchen in eine Falle begibt, wird es mithilfe der darin befindlichen klebrigen Substanzen fixiert, sodass es nicht mehr wegfliegen kann.

Gelbtafel

Kalkanstriche

Vielleicht wird es gegenwärtig nicht als besonders chic empfunden, Baumstämme mit einem weißen Kalkanstrich zu versehen, doch diese Maßnahme ist sehr nützlich und durchaus nachahmenswert.

Wenn nämlich am Ende des Winters die Sonnenstrahlen auf die Borke der Bäume treffen, beginnt sich der bei Minustemperaturen eingedickte Zellsaft allmählich zu verflüssigen. Oftmals sinkt die Temperatur in der darauf folgenden Nacht erneut deutlich unter den Gefrierpunkt, wobei der Zellsaft wieder gefriert. Dieses Gefrieren geht mit einer Ausdehnung der Zellwände einher, die im ungünstigsten Fall so stark sein kann, dass die Borke stellenweise reißt.

Dabei entstehen insbesondere an Pflaumen-, Aprikosen- und Pfirsichbäumen sogenannte Frostrisse, die zahlreichen Krankheitserregern und Parasiten als Eintrittspforten dienen. Außerdem wird die normale Wasserzirkulation in der Borke durch diese Risse stark beeinträchtigt beziehungsweise völlig unterbrochen.

Durch einen in Gartenfachmärkten erhältlichen Kalkanstrich lassen sich derartige Frostrisse weitgehend vermeiden. Die helle Farbe reflektiert die auftreffenden Sonnenstrahlen, sodass sich der Zellsaft bei Temperaturen, die nur wenig über dem Gefrierpunkt liegen, fast nie stärker

Winterlicher Frostriss an einem Obstbaumstamm.

verflüssigt. Vor dem Auftragen der Farbe empfiehlt es sich, den Stamm mit einer weichen Bürste abzureiben oder mit einem Handfeger abzukehren, um auf diese Weise eventuelle kleinere, lose sitzende beziehungsweise lockere Borkenstücke zu entfernen.

In Gärten, die an Felder, Wiesen oder Wälder grenzen, ist es ratsam, einen Kalkanstrich zu verwenden, der eine Quarzsandbeimischung enthält. Letztere verhindert insbesondere Verbissschäden durch Wildkaninchen und Hasen, die gelegentlich die winterlichen Gärten durchstreifen, um darin Nahrung zu suchen. Auch wenn die Rezeptur im ersten Moment etwas verblüffend klingen mag, hat sich bei vielen Biogärtnern der folgende, selbst hergestellte Frostschutzanstrich hervorragend bewährt: Es handelt sich dabei um ein Gemisch aus zehn Teilen Lehm, sechs Teilen Kuhfladen, einem Teil Gesteinsmehl oder Algenkalk sowie einem Teil gut pulverisierter Holzasche. Gebunden werden diese Bestandteile mit einer Ackerschachtelhalmbrühe.

Durch einen Kalkanstrich der Stämme lassen sich Frostrisse weitgehend vermeiden.

Unkräuter

Unkraut – was ist das?

Wichtige Gartenunkräuter und ihre Bekämpfung

Unkraut – was ist das?

Die Einordnung einer Pflanze als Unkraut hängt hauptsächlich davon ab, ob es sich bei den betreffenden Pflanzen um unerwünschte oder nicht gezielt angebaute Arten handelt, die entweder aus dem natürlichen Samenpotential des Bodens entstanden beziehungsweise durch Windverfrachtung oder auf andere Weise in den Garten gelangt sind.

Löwenzahn kann sowohl Unkraut als auch Beetkultur sein.

In der Regel ist der durch Unkräuter (in den letzten Jahren auch zunehmend als Wildkräuter bezeichnet) verursachte Schaden größer als der eventuelle Nutzen. Das schließt jedoch nicht aus, dass man diese Pflanzen trotzdem noch verwertet.

Als typisches Beispiel hierfür sei der Löwenzahn, *Taraxacum officinale*, genannt. Wenn man ihn als Beetkultur anbaut, um seine Blätter später zu schmackhaften Salaten zu verarbeiten, wird er nicht mehr als Unkraut, sondern als Nutzpflanze angesehen. Anders verhält es sich, wenn er wild auf Beeten oder im Rasen wächst und somit einen Nährstoff-, Licht- sowie Platzkonkurrenten für die Nutzpflanzen darstellt. Derartige Löwenzahnexemplare sieht wohl jeder Gärtner als Unkräuter an, die er fleißig entfernt. Unabhängig von ihrer Einstufung als Unkraut stellen diese aus dem Garten entfernten Löwenzahnexemplare aber ein hervorragendes Futter für Kaninchen und weitere Nutztiere dar.

Während zahlreiche Unkräuter einen mehr oder weniger großen wirtschaftlichen Schaden (vor allem in Form von Mindererträgen) verursachen können, wirkt sich die Anwesenheit anderer störend auf das ästhetische Empfinden der meisten Menschen aus.

Beispielsweise wird sicherlich kein Rosenliebhaber begeistert sein, wenn sich zwischen diesen attraktiven Blumen Quecken, *Elymus repens*, und Vogelmiere, *Stellaria media*, breit machen. Damit die Rosenbeete jeder Zeit seinem Schönheitsempfinden entsprechen, wird er anstreben, sie stets von Unkraut freizuhalten. Zu diesem Zweck bietet der Fachhandel eine Reihe von Mitteln an, mit denen man Unkräuter auf Beeten und Rasenflächen bekämpfen kann.

Folgeeinflüsse auf Kulturpflanzen

Wie bereits erwähnt, erweisen sich die Unkräuter als Nährstoff-, Licht- sowie Platzkonkurrenten der Nutzpflanzen. Im Unterschied zu letzteren zeichnen sich die meisten Unkrautarten aber nicht nur durch eine enorme Robustheit sowie eine große Anpassungsfähigkeit aus, sondern sind darüber hinaus auch häufig schnellwüchsiger und regenerationsfreudiger. Durch diese Konkurrenzvorteile schwächen Unkräuter die Nutzpflanzen oft erheblich, sodass diese weniger körpereigene Abwehrsubstanzen produzieren können. In der Folgezeit sind die Nutzpflanzen dann nicht nur für Pilz- und Bakterienerkrankungen anfälliger, sondern können mitunter auch keinen Befall durch Parasiten mehr überstehen, wenn diese ganze Blatt- und Stängelbereiche abfressen oder einen Teil des Zellsaftes absaugen.

Handelsübliche Mittel zur Unkrautbekämpfung

Wichtige Gartenunkräuter und deren Bekämpfung

Giersch
(Aegopodium podagraria)

Der auch als Schetterle, Zaungiersch, Geißfuß, Ziegenfuß, Dreiblatt sowie Zipperleinskraut bezeichnete Giersch gehört zur Familie der Doldengewächse (Apiaceae, veraltetes Synonym: Umbelliferae) und verkörpert ein äußerst unliebsames, schwer zu bekämpfendes Unkraut. Diese Staude kann Höhen von 30 bis 100 cm erreichen und besitzt einen gefurchten, dreikantigen Stängel, an dem die doppelt dreizähligen Laubblätter entspringen, deren einzelne Abschnitte eiförmig-länglich sind. Von Juni bis Juli werden die kleinen weißen Blüten geschoben, die sich zu dichten, endständigen Dolden vereint haben. Der sehr lichthungrige

Hinweis:

Viele Kräuterkochbücher empfehlen die Verwendung von klein gehackten Gierschblättern in der Küche. Dagegen ist auch nichts einzuwenden – vorausgesetzt, man ist in der Lage, den Giersch wirklich eindeutig zu identifizieren. Giersch besitzt nämlich mit dem Gefleckten Schierling, *Conium maculatum*, und dem auch als Herkuleskeule bezeichneten Riesenbärenklau, *Heracleum mantegazzianum*, zwei giftige Doppelgänger, die ebenfalls zu den Doldengewächsen gehören. Letztere weisen allerdings niemals einen dreikantigen Stängel auf.

Giersch fühlt sich auf neutralen sowie schwach sauren Standorten am wohlsten. Auf stark kalkhaltigen Böden gedeiht er etwas schlechter, was jedoch nicht bedeutet, dass man ihn mit regelmäßigen Kalkdüngungen in den Griff bekommt. Die Vermehrungsfreudigkeit dieser Pflanze basiert vor allem auf dem enorm stark wuchernden Rhizom. Deshalb sind die Ausläufer auch in der Lage, binnen weniger Jahre sogar größere Flächen komplett zuzuwuchern. Hinzukommt, dass die kümmelähnlichen Samen mehrere Jahre im Boden überdauern können, ohne dabei ihre Keimfähigkeit einzubüßen. Mehr noch als bei anderen Unkräutern gilt bei der Bekämpfung des Gierschs der Grundsatz: »Wehret den Anfängen!«, was in erster Linie durch kontinuierliches Jäten möglich ist.

Hat der Giersch dagegen schon ein Beet oder einen Teil des Rasens zugewuchert, kann man ihn abschneiden und anschließend die Fläche mindestens vier Wochen lang mit einer lichtundurchlässigen Folie bedecken. Außerdem kann man dieses Unkraut mit einem extra gegen Giersch wirkenden Herbizid zu bekämpfen.

Giersch ist schwer zu bekämpfen.

Hundskamillen
(Anthemis)

Die Hundskamillen repräsentieren eine rund hundert Arten umfassende Gattung, die zur Familie der Korbblütengewächse (Asteraceae) gehört. Die wohl bekanntesten Vertreter dieser Gattung sind die Acker-Hundskamille, *Anthemis arvensis*, und die Stinkende Hundskamille, *Anthemis cotula*.

Bei den Hundskamillen handelt es sich entweder um einjährige Pflanzen oder Stauden, die Höhen von 20 bis 50 cm erreichen. Die einfach oder doppelt fiederschnittigen, sehr filigran wirkenden Blätter sind an den Stängeln wechselständig angeordnet und mehr oder weniger stark behaart. An den Enden der sich häufig verzweigenden, im unteren Teil auch oft verholzenden Stängel erscheinen zwischen Mai und Oktober die Blüten. Diese bestehen aus einer zentralen, gelben Röhrenblütenscheibe, die von einem Kranz weißer Zungenblüten umgeben wird. Wenn man diese gelbe Röhrenblütenscheibe vorsichtig entfernt, wird der mit Spreublättchen gefüllte Blütenboden sichtbar.

Im Unterschied dazu besitzen die nah verwandten Kamillen der Gattung *Matricaria*, zu denen auch die Echte Kamille, *M. chamomilla*, gehört, stets einen hohlen oder markig gefüllten Blütenboden.

Ähnlich wie bei den Ampferarten handelt es sich auch bei den Hundskamillen um Säureanzeiger, die vorwiegend auf sandigen bis lehmigen Böden wachsen, deren pH-Wert deutlich unter 7,0 liegt. Die Hundskamillen neigen dazu, sich zwischen dicht stehenden Kulturpflanzen anzusiedeln.

Einzeln oder in kleinen Nestern zusammen stehende Exemplare lassen sich zumeist durch Jäten entfernen, während man großflächige Bestände mit einem handelsüblichen Herbizid bekämpfen sollte.

Die Hundskamille bevorzugt kalkfreie, saure Böden.

Melde
(Atriplex patula)

Die auch als Gemeine, Spreizende, Spreizästige Melde oder Ackermelde bezeichnete Pflanze gehört zu der artenreichen Familie der Gänsefußgewächse (Chenopodiaceae) und ist mit der Gartenmelde, *A. hortensis,* sehr eng verwandt, die sich einer zunehmenden Beliebtheit als Kulturpflanze erfreut. Bei der Melde handelt es sich um eine einjährige, 30 bis 100 cm hohe Pflanze, die über eine kräftige, verzweigende Pfahlwurzel verfügt. Der aufrechte Stängel ist gerieft und verzweigt oft stark. Die daran wechselständig angeordneten Blätter haben eine rhombisch-lanzettliche bis schwach keilartige Form und erwecken im Jugendstadium den Eindruck, als seien sie mit Mehl bestäubt. Mit zunehmendem Alter nehmen sie jedoch immer mehr eine sattgrüne Färbung an. Zwischen Juli und September werden die Blüten ausgebildet, die sich knäuelartig in aufrecht stehenden Scheinähren formiert haben. Insgesamt kann jede Pflanze bis zu 6000 Samen hervorbringen, die im Boden oft mehr als zwanzig Jahre keimfähig bleiben. Die Melde hat sich als ein starker Wasser- und Nährstoffkonkurrent erwiesen. Wenn sie in einer größeren Individuenzahl auftritt, zieht das so gut wie immer Ertragseinbußen nach sich. Da es sich um eine einjährige Pflanze handelt, sollte man nur einer mechanischen Bekämpfung (Jäten und Heraushacken) den Vorzug geben. Allerdings muss diese Bekämpfung vor dem Ausreifen der Samen erfolgen, weil diese sonst verteilt werden.

Die Ackermelde ist eng mit der Gartenmelde verwandt.

Gänseblümchen
(Bellis perennis)

Bei dem auch als Maßliebchen bezeichneten Gänseblümchen handelt es sich um eine langlebige, sehr anspruchslose Staude aus der Familie der Korbblütengewächse (Asteraceae). Das Gänseblümchen besitzt ovale bis spatelförmige Blätter, die sich zu einer dichten, bodenständigen Rosette vereint haben. Aus der Mitte dieser Rosette werden zwischen März und November an 5 bis 10 langen Stängeln ununterbrochen Blüten geschoben. Diese bestehen aus einer im Zentrum befindlichen gelben Röhrenblütenscheibe, die von einem Kranz weißer Zungenblüten umgeben wird.

Im Garten siedeln sich Gänseblümchen oft auf Rasenflächen an, wo sie als Platzräuber fungieren und mit ihren Blattrosetten das vorhandene Gras schnell verdrängen. Falls es sich bei den Gänseblümchen noch um eine überschaubare Anzahl von Exemplaren handelt, bietet sich ein Entfernen mit einem Unkrautstecher an. Dabei lassen sich normalerweise auch die büschelartigen Wurzeln der Gänseblümchen gut aus dem Erdreich heraushebeln. Nebenbei sei bemerkt, dass solche frisch heraus gestochenen Pflanzen sich gut als Futter für Kaninchen und Meerschweinchen eignen. Falls sich auf größeren Rasenflächen bereits ein umfangreicher Gänseblümchenbestand etabliert hat, wird man gewöhnlich nicht umhinkommen, ein Herbizid zu verwenden.

Gänseblümchen sind langlebig.

Hirtentäschel
(Capsella bursa-pastoris)

Das Hirtentäschel, das gelegentlich auch als Taschenkraut, Schneiderbeutel, Schinkenkraut, Herzkraut oder Bauernsenf bezeichnet wird, gehört zur Familie der Kreuzblütengewächse (Brassicaeae). Es handelt sich dabei um eine krautige, ein- oder zweijährige Pflanze, die im Extremfall eine Wuchshöhe von etwa 50 cm erreicht, jedoch in den meisten Fällen deutlich kleiner bleibt. Die rosettenartig zusammenstehenden Grundblätter variieren in ihrem Aussehen oft erheblich. So können sie sowohl schmal-länglich als auch relativ kurz sein und dabei einen gezähnten, fiederspaltigen oder glatten Rand aufweisen.

An dem langen, manchmal verzweigenden Stängel befinden sich zumeist nur sehr wenige Blätter. Die kleinen weißen Blüten, die in einer Trugdolde zusammenstehen, können während des gesamten Jahres geschoben werden. Lediglich bei sehr strengen Frösten wird eine kurze Blühruhe eingelegt.

Hirtentäschel stellt nur sehr geringe Ansprüche an die Bodenqualität und dessen Nährstoffgehalt, weshalb es auch sehr weit verbreitet ist und sich auf unterschiedlichen Standorten dauerhaft etablieren konnte. Im Garten zählt es zu den hartnäckigsten Unkräutern und bringt pro Jahr bis zu vier Generationen hervor, wobei jede Einzelpflanze wiederum in der Lage ist, 40 000 bis 45 000 Samen zu produzieren. Im Boden liegend, bleibt die Keimfähigkeit dieser Samen oft mehr als dreißig Jahre lang erhalten.

Glücklicherweise tritt das Hirtentäschel meist nicht in größeren Mengen auf, sodass man die wenigen Exemplare gut einzeln mit einem Unkrautstecher entfernen kann.

Das Hirtentäschel ist weit verbreitet, da es nur wenig Ansprüche an seinen Standort stellt.

Die Ackerkratzdistel hat violettfarbene Blüten.

Kratzdisteln

(Cirsium)

Die Kratzdisteln repräsentieren innerhalb der Korbblütengewächse (Asteraceae) eine eigenständige Gattung, in der ein knappes Dutzend Arten vereint ist, von denen die Ackerkratzdistel, *C. arvense*, sowie die Stängellose Kratzdistel, *C. acaule*, sicherlich am bekanntesten sein dürften. Wenngleich diese Pflanzen auf lehmreichen Böden am besten gedeihen, sind sie auch in der Lage, sich auf zahlreichen anderen Standorten dauerhaft zu etablieren.

Bei den Kratzdisteln handelt sich um ein- oder mehrjährige, krautige Pflanzen, die Wuchshöhen von 5 bis 300 cm erreichen können. Die gebuchteten bis gelappten, derben Blätter dieser Pflanzen weisen immer robuste und schmerzhafte Stacheln auf.

Ein weiteres typisches Merkmal der Kratzdisteln, das bei der Bekämpfung oft Verdruss bereitet, sind die teilweise sehr tief in den Boden reichenden Pfahlwurzeln, die zahlreiche waagerechte Ausläufer bilden. Von letzteren genügt bereits ein kleines Teilstück, damit sich eine neue Distelpflanze entwickeln kann.

Je nach Art erscheinen zwischen Ende Juni bis Anfang Oktober an den Stängelenden die Blütenstände, die aus einer Vielzahl winziger Einzelblüten bestehen. Die sich aus diesen Blüten entwickelnden Samen behalten ihre Keimfähigkeit im Erdreich rund zwanzig Jahre lang. In Rasenbeständen erweisen sich Kratzdisteln in erster Linie als Platzräuber, während sie in Beeten hauptsächlich starke Nährstoffkonkurrenten für die Kulturpflanzen darstellen.

Junge Kratzdisteln lassen sich zumeist noch gut mit einem Unkrautstecher bekämpfen, während man bei älteren Exemplaren oft nicht auf ein Herbizid verzichten kann.

Winden
(Convolvulaceae)

Aus der Familie der Windegewächse siedeln sich zumeist nur die Ackerwinde, *Convolvulus arvensis*, und die Zaunwinde, *Calystegia sepium*, im Garten an. Bei beiden Arten handelt es sich um äußerst robuste Stauden, die Rhizome bilden.

Die oft auch als Uferwinde bezeichnete Zaunwinde weist 1 bis 3 m lange, rechts windende Stängel auf, an denen sich wechselständig die spitzovalen bis herzförmigen Blätter anordnen.

Zwischen Juni und September werden die einzeln stehenden, trichterförmigen Blüten geschoben, aus denen sich später die Samen enthaltenden Kapselfrüchte entwickeln. Zaunwinden bevorzugen feuchtere, dichtere, nährstoffreiche Standorte. Im Unterschied dazu zeigt die Ackerwinde eine Vorliebe für lockere, wärmere Böden, die aber ebenfalls eine gute Nährstoffversorgung und einen möglichst hohen Kalkgehalt aufweisen.

Blühende Zaunwinde – ebenso hübsch wie hartnäckig

Die Zaunwinde hat das Bestreben, an anderen Pflanzen empor zu wachsen.

Die Stängel der Ackerwinde erreichen Längen von 20 bis 120 cm und sind immer links windend. Die Blätter ähneln weitgehend denen der Zaunwinde.

Von Mai bis Oktober sprießen aus den Blattachseln die weißen bis hellrosafarbenen, trichterförmigen Blüten, die an ihren Randbereichen fünf kräftig pinkfarbene Flecken aufweisen, wodurch im Zentrum der Blüten ein fünfzackiges, sternenähnliches Ornament erzeugt wird.

Winden sind nicht nur deshalb schwer zu bekämpfen, weil ihre Samen bis zu zwanzig Jahre im Boden überdauern können, sondern vor allem, weil die oft mehrere Meter tief ins Erdreich vordringenden Wurzeln bis zu 2 m lange Ausläufer bilden. Ein Massenauftreten der Winden wirkt sich ertragsmindernd aus. Falls die Winden in Obststräucher hinein gewachsen sind, erschweren sie außerdem das Pflücken der Beeren.

Eine mechanische Bekämpfung von Winden bringt aufgrund der tief in den Boden hineinragenden Wurzeln nur wenig Erfolge, stattdessen sollte man diese Unkräuter gleich mit einem wirksamen Herbizid bekämpfen.

Queckenwurzel – die Vermehrung der Pflanze erfolgt über Rhizome.

Quecke
(Elymus repens)

Die Quecke, (Synomyme: *Elytrigia repens, Agropyron repens, Triticum repens*) hat sich nicht nur im Feldbau, sondern auch im Garten als eine der unliebsamsten Unkrautpflanzen erwiesen. Wenngleich diese zu den Süßgräsern (Poaceae) gehörende Pflanze eine Vorliebe für nährstoffreiche Böden hat, ist sie in der Lage, sich auf nahezu allen Standorten dauerhaft anzusiedeln. Das drückt auch ihr Populärname aus, der aus den altdeutschen Begriffen *queck* beziehungsweise *quick* entstanden ist und übersetzt soviel wie »zählebig« bedeutet.

Bei der Quecke handelt es sich um eine Horste bildende und Ähren schiebende Staude, die eine Wuchshöhe von 20 bis 150 cm erreichen kann und unterirdische Ausläufer bildet, die als Rhizome bezeichnet werden. Unkundige verwechseln die Quecke oft mit den Weidelgräsern, *Lolium spec.*, bei denen aber die Ährchen mit der Schmalseite an der Ährenspindel sitzen. Im Unterschied dazu befinden sich diese bei der Quecke mit der Breitseite an der Ährenspindel. Die kahlen Halme der Quecke sind entweder im unteren Bereich gebogen oder wachsen sofort aufrecht empor. Außerdem weisen sie bis zu fünf knotenartige Verdickungen auf. Die Laubblätter sind sehr schmal und oft ein wenig eingerollt.

Obwohl in jeder Ähre bis zu fünfzig Samen enthalten sind, erfolgt die Vermehrung der Quecke vorwiegend über die Rhizome, beziehungsweise davon abgebrochene Teilstücke. Deshalb sollte man auch niemals versuchen, die Quecke mit der Hacke oder dem Grubber zu bekämpfen, weil dabei oft Teilstücke des Rhizoms abbrechen und somit eine ungewollte Vermehrung dieser Pflanze erfolgt. Falls die Quecke nur vereinzelt auftritt, kann man diese samt ihrer Rhizome ausgraben. Letztere legt man auf einer Plastikunterlage ein paar Tage in die pralle Sonne, damit sie verdorren und ihre Regenerationsfähigkeit verlieren. Anschließend ist eine Kompostierung problemlos möglich. Auf kleineren, stark verqueckten Stellen besteht auch die Möglichkeit, Dahlien anzupflanzen oder Erbsen auszusäen. Diese beiden Pflanzenarten entwickeln sich so schnell, dass sie der Quecke einen Großteil des Lichts nehmen, was diese überhaupt nicht mag.

Sehr gute Bekämpfungserfolge lassen sich auch mit handelsüblichen Herbiziden erzielen, die in Wasser aufgelöst beziehungsweise mit diesem verdünnt und anschließend über den Queckenstandort gegossen werden.

Wenn man auf einer Plastikunterlage ausgebreitete Quecken samt ihrer Wurzeln mehrere Tage in der Sonne trocknen lässt, kann man sie anschließend sogar kompostieren.

Breitwegerich
(Plantago major)

Der Breitwegerich den der Volksmund auch als Wegeblatt, Wegtritt, Rippenblatt, Saugrüssel, Aderkraut und Mausöhrle bezeichnet, hat aufgrund seiner enormen Robustheit und Anpassungsfähig eine nahezu weltweite Verbreitung erfahren. Die löffelartigen Blätter, die eine Länge von 10 cm und eine Breite von 7 cm erreichen können, wachsen bei dieser ausdauernden Staude in einer mehr oder weniger am Boden liegenden Rosette. Aus deren Mitte sprießen zwischen Juni und Oktober die bis zu 25 cm langen Blütenstängel. Die daran befindlichen klebrigen Samen bleiben beispielsweise an vorbeilaufenden Tieren sowie unter Schuhsohlen haften und werden so verbreitet.

Aufgrund seiner bis zu 80 cm tief ins Erdreich vordringenden Wurzel ist der Breitwegerich mechanisch kaum zu bekämpfen, es sei denn, dass er sich direkt auf einem häufig benutzten Gartenweg angesiedelt hat. Denn einer fast ständigen Trittwirkung kann auch das härteste Breitwegerichexemplar auf die Dauer nicht standhalten. Hat sich diese Pflanze dagegen bereits relativ gut im Rasen oder auf Beeten etabliert, ist eine wirksame Bekämpfung in aller Regel nur noch mit einem Herbizid möglich.

In der Volksmedizin nutzt man gelegentlich noch die frischen Blätter des Breitwegerichs, indem diese mithilfe eines Mörsers zu einem Brei zerdrückt werden, der sich sehr gut gegen Insektenstiche bewährt hat. Auf die Einstichstelle aufgetragen, wirkt dieser kühlende und desinfizierende Brei nicht nur Schmerz lindernd, sondern lässt auch die Schwellung allmählich abklingen.

Der Breitwegerich ist nahezu weltweit verbreitet.

Ampfer
(Rumex)

Beim dem auch als Sauerampfer bezeichneten Ampfer handelt es sich um eine zu den Knöterichgewächsen (Polygonaceae) gehörende Pflanzengattung, deren bekannteste Vertreter der Kleine Ampfer, *R. acetosella*, der Wiesenampfer, *R. acetosa*, und der Krause Ampfer, *R. crispus*, sind.

Alle Ampferarten bilden sehr große, breit-lanzettliche Blätter aus, die bis zu 1 m lang werden können. Die Blütezeit dieser Pflanzen erstreckt sich von Juli bis August. Dann erscheinen die relativ unscheinbaren grünlichen bis weinroten Blüten, die sich an langen, aufrecht stehenden Blütenstängeln zu endständigen Rispen formiert haben. Ampfer besitzt eine kräftige, tief ins Erdreich vordringende Pfahlwurzel. Deshalb ist es bei einer mechanischen Bekämpfung auch sehr ratsam, den Ampfer bereits im Jugendstadium herauszustechen, weil seine Wurzeln dann noch relativ kurz sind. Eine weitere Bekämpfungsmethode besteht darin, handelsübliche, speziell gegen Ampfer wirkende Herbizide einzusetzen.

Außerdem kann man auch die Tatsache ausnutzen, dass alle Ampferarten zu den sogenannten kalkfliehenden Pflanzen gehören und die verunkrauteten Stellen wiederholt reichlich kalken.

Die Pfahlwurzel des Sauerampfers reicht bis zu 1,5 m in den Boden.

Nebenbei sei noch erwähnt, dass junge Ampferblätter (ältere enthalten zunehmend Bitterstoffe) gelegentlich in der Küche verwendet werden, weil sie nicht nur blutreinigend wirken, sondern auch die Verdauung fördern. Allerdings enthalten diese Blätter neben sehr viel Vitamin C auch größere Mengen an Oxalsäure und sollten deshalb nicht allzu häufig von Menschen verzehrt werden, die an Nierenerkrankungen leiden.

Vogelmiere
(Stellaria media)

Die Vogelmiere, die häufig auch als Vogelsternmiere oder Hühnerdarm bezeichnet wird, gehört zur Familie der Nelkengewächse (Caryophyllaceae).

Es handelt sich dabei um eine einjährige, manchmal auch überjährige Pflanze, deren bis zu 40 cm lange Stängel am Boden kriechen und dabei oft dichte, fast filzartige Bestände bilden. Die kleinen, grasgrünen Blätter haben eine oval-lanzettliche Form und sind paarweise gegenständig angeordnet. Außerdem befinden sich an den Stängeln fast ganzjährig unscheinbare weiße Blüten.

Die Vogelmiere hat eine besondere Vorliebe für etwas feuchtere Standorte in schattigen Lagen. Aufgrund der Tatsache, dass die Samen dieses Unkrauts bis zu fünfzig Jahre im Boden überdauern können, sollte man diese nie zur Reife kommen lassen, sondern frisch erscheinende Vogelmiere immer sofort weghacken.

Viele Winzer sehen die Vogelmiere dagegen nicht als Unkraut an, sondern dulden sie in ihren Weinbergen, weil ihr dichtes Stängelgeflecht den Boden im Sommer vor übermäßigem Austrocknen und im Winter vor starkem Frost schützt. Außerdem erweist sich die Vogelmiere in Weinbergen als erosionsmindernd, da sie eine stärkere Abtragung des Bodens durch Wind und Wasser weitgehend verhindert.

Vogelmiere

Löwenzahn
(Taraxacum officinale)

Für den zur Familie der Korbblütler (Asteraceae) gehörenden Löwenzahn existieren zahlreiche weitere, zumeist regional spezifische Populärbezeichnungen. So wird er beispielsweise auch als Bimmbaum, Hunde-, Ketten-, Kranz-, Kuh- oder Kuckucksblume bezeichnet.

Löwenzahn besitzt eine lange, außen braunschwarze und innen weiße Pfahlwurzel, die mehr als 30 cm tief ins Erdreich vordringen kann. Seine grasgrünen, schmal-lanzettlichen Laubblätter sind mehr oder weniger tief eingeschnitten und zu einer dichten Rosette formiert. Zwischen April bis Oktober erscheinen die dottergelben Blüten, die sich im Stadium der Vollreife weißlich verfärben und dann landläufig als Pusteblumen bezeichnet werden. Die Verbreitung ihrer fallschirmähnlichen Samen erfolgt fast ausschließlich durch den Wind.

Obwohl Löwenzahn am besten auf frischen, humusreichen Böden gedeiht, hat er sich als äußerst anpassungsfähig erwiesen und überlebt sogar auf extrem kargen Standorten. Löwenzahn gehört zu den sogenannten starken Platzräubern, weil er mit seiner zumeist unmittelbar über der Erdoberfläche befindlichen Blattrosette relativ viel Fläche bedeckt und an diesen Stellen weitgehend das Wachstum von Kulturpflanzen verhindert. Die Bekämpfung dieses Unkrauts kann entweder durch Herausstechen erfolgen, wobei man immer versuchen sollte, die gesamte Wurzel zu entfernen. Ansonsten regeneriert sich der im Erdreich verbleibende Rest relativ schnell zu einer neuen Pflanze. Auf Rasen besteht eine weitere Bekämpfungsmethode darin, die gesamte Fläche mit einem gegen Zweikeimblättrige Unkräuter wirkenden Mittel (das gewöhnlich in Wasser aufgelöst wird) zu gießen beziehungsweise zu überspritzen.

Im Samenstand wird der Löwenzahn vielerorts auch als Pusteblume bezeichnet.

Brennnesseln

(Urtica)

Bei den Brennnesseln, die sich entweder in Form der Kleinen Brennnessel, *U. urens*, oder der Großen Brennnessel, *U. dioica*, im Garten ansiedeln können, handelt es sich um 10 bis 150 cm hoch werdende Pflanzen aus der artenreichen Familie der Brennnesselgewächse (Urticaceae). Obwohl diese Pflanzen frische, stick- und nährstoffreiche Böden bevorzugen, haben sie sich als sehr anpassungsfähig erwiesen und können deshalb auf nahezu jedem Standort wachsen.

Die Kleine Brennnessel ist einjährig und brennt stärker als die Große Brennnessel, bei der es sich um eine in Horsten zusammenstehende, ausdauernde Staude handelt, die über ein kräftiges Rhizom verfügt und dazu neigt, zahlreiche Ausläufer zu bilden.

Abgesehen von vielleicht einem Brennnesselbusch, den man ganz bewusst als Schmetterlingsnahrung in einer Ecke des Garten stehen lässt, sollten alle anderen Exemplare unmittelbar nach ihrem Erscheinen bekämpft werden, weil sie sich sonst sehr schnell zu extrem starken Nährstoffkonkurrenten entwickeln. Zudem ist es bei der Ernte, beispielsweise von Buschbohnen, nicht sonderlich angenehm, versehentlich in Brennnesseln zu greifen.

Während man die Kleinen Brennnesseln zumeist durch etwas tiefgründigeres Hacken oder Jäten (auf feuchten Böden nach Regenfällen) vernichten kann, ist die Bekämpfung der Großen Brennnessel nur Erfolg versprechend, wenn das gesamte Rhizom sowie die Ausläufer komplett entfernt werden. Bei unfangreicheren Beständen der Großen Brennnessel erweist sich ein Ausgraben der Rhizome oft als zu mühsam und deshalb sollte man in solchen Situationen eine Bekämpfung mit handelsüblichen Herbiziden durchführen.

Abgesehen davon, dass die Brennnessel zu den häufigsten Gartenunkräutern gehört, nutzen viele Menschen im Frühjahr die jungen Blätter dieser Pflanze, um daraus einen schmackhaften Salat zu bereiten. Die Blätter enthalten nämlich zu diesem Zeitpunkt große Mengen an Vitamin C, Provitamin A, Apfelsäure, Mineralstoffen und ätherischen Ölen.

Brennnessel, dieses Exemplar ist bereits älter und hat schon Samen angesetzt.

Gamander-Ehrenpreis wird auch Männertreu, Augentrost oder Wildes Vergissmeinnicht genannt.

Ehrenpreis
(Veronica spec.)

Von etwa 25 Ehrenpreisarten, die in Mitteleuropa vorkommen und alle zur Familie der Braunwurzgewächse (Scrophulariaceae) gehören, treten als Gartenunkräuter vor allem der Acker-Ehrenpreis, *V. agrestis*, der Feld-Ehrenpreis, *V. arvensis*, der Efeublättrige Ehrenpreis, *V. hederaefolia*, sowie der Gamander-Ehrenpreis, *V. chamaedrys*, relativ häufig auf.

Bei den ein- oder mehrjährigen Ehrenpreisarten handelt es sich um krautige, lichthungrige Pflanzen, die meist sehr kleinwüchsig sind und kriechende oder leicht aufsteigende Stängel besitzen. Die gegenständig an den Stängeln angeordneten, eibis spatelförmigen Laubblätter, können leicht behaart sein, haben einen fettigen Glanz und weisen mehr oder weniger stark gekerbte Ränder auf. Die meisten Arten blühen irgendwann zwischen März und Oktober. Gewöhnlich setzen sich die blauen, in Ausnahmefällen auch weißen Einzelblüten aus vier Kronblättern zusammen, von denen aber jeweils immer zwei miteinander verwachsen sind. Bei den meisten Ehrenpreisarten haben sich die Einzelblüten zu kleinen Trauben formiert.

Die als Unkräuter relevanten Vertreter bevorzugen als Standorte sandige bis lehmige Böden, die eine gute Nährstoffversorgung aufweisen. Ihre Ansiedlung erfolgt allerdings nicht nur auf Beeten, sondern auch oft auf Rasenflächen. Neben der Vermehrung über Samen treibt Ehrenpreis unermüdlich Ausläufer, die sich bei massenhaftem Auftreten als arge Platzräuber entpuppen und zu Ertragsminderungen führen können.

Junger sowie einzeln erscheinender Ehrenpreis lässt sich zumeist noch gut mechanisch bekämpfen, indem die betreffenden Pflanzen gejätet, herausgehackt oder ausgestochen werden. Bei umfangreicheren Beständen empfiehlt sich dagegen der Einsatz eines Herbizids.

Das Ackerstiefmütterchen ist mit dem Wilden Stiefmütterchen (Viola tricolor) *eng verwandt.*

Ackerstiefmütterchen
(Viola arvensis)

Beim Ackerstiefmütterchen handelt es sich um eine ein- oder mehrjährige, zur Familie der Veilchengewächse (Violaceae) gehörende Pflanze. Die gelblichgrünen, im Inneren hohlen Stängel können Längen von 10 bis 40 cm, in Ausnahmefällen auch bis 80 cm erreichen und steigen vom Boden aus empor. Die unteren, relativ lang gestielten Blätter haben eine rundliche bis ovale Form und einen glatten Rand. Im Unterschied dazu besitzen die oberen Blätter nur kurze Stile sowie einen grob gekerbten Rand. Zwischen Mai und Oktober erscheinen die 10 bis 20 mm großen, einzeln an den Stängelenden sitzenden Blüten, deren seitlich nach außen gebogene Kronblätter immer eine weißliche oder gelbe Färbung haben. Dagegen kann die Färbung der restlichen drei Kronblätter von weiß über gelb und rosa bis violett variieren. Jedes Exemplar des Ackerstiefmütterchens ist in der Lage, pro Jahr bis zu 2500 Samen hervorzubringen. Diese keimen vorwiegend im Frühjahr, sodass man vor allem im Mai und Juni auf das Auftreten dieses Unkrauts achten sollte.

Mit besonderer Vorliebe siedelt sich das Ackerstiefmütterchen in Gärten an, die sandige bis schwach lehmhaltige Böden aufweisen, während es stärker kalkhaltige Standorte weitgehend meidet. Aufgrund der Tatsache, dass Ackerstiefmütterchen in den meisten Fällen nicht in einer extrem hohen Individuendichte vorkommen, kann eine recht wirksame Bekämpfung durch Hacken und Jäten erfolgen.

Moospflänzchen, die sich im Rasen ausgebreitet haben

Moos im Rasen

Es gibt wohl keinen Gartenfreund, der sich freut, wenn seine oft mit viel Mühe angelegten Rasenflächen im Laufe der Zeit intensiv von Moos durchwuchert werden und dabei ein filzartiges Aussehen erhalten. Begünstigend für das üppige Erscheinen von Moosen, von denen es eine kaum noch überschaubare Anzahl an Arten gibt, wirken sich vor allem ein zureichend mit Nährstoffen versorgter Boden, eine zu starke Bodenverdichtung, die mit einer schlechten Durchlüftung einhergeht, ein im sauren Bereich liegender pH-Wert und/oder eine starke Beschattung der betreffenden Fläche aus.

Zur Bekämpfung vermooster Flächen ist es ratsam, im Frühjahr einen eisensulfathaltigen Dünger oder spezielle Gegenmittel auszubringen, die ein Absterben dieser Pflanzen bewirken und gleichzeitig das Gras zum Wachstum anregen. Sobald das zuvor grüne Moos nach einigen Tagen weitgehend abgestorben ist und eine gelblichbraune Färbung angenommen hat, sollte die Fläche mit einem Vertikutierer bearbeitet werden. Mit diesem Gerät löst man nicht nur die Moospolster, sondern es erfolgt außerdem eine Lockerung und partielle Durchlüftung des Erdreichs. Anschließend wird das gelöste Moos zusammengerecht und gegebenenfalls auf der betreffenden Fläche etwas Rasen nachgesät. Falls ein Kompostieren der Moosreste beabsichtigt ist, sollte man diese mit reichlich Kalkdünger vermischen, um so den sauren pH-Wert zu neutralisieren, den Moospflanzen aufweisen.

Kontinuierliche Gaben von kalkhaltigen Düngemitteln haben sich außerdem oft als ein prophylaktisches Mittel bewährt, um die Ansiedlung von Moos zu verhindern. Zur Moosfreihaltung von Rasen trägt auch ein im Frühjahr durchgeführtes Abharken der gesamten Fläche bei. Für diesen Zweck haben sich vor allem Rechen mit starken Eisenzinken bewährt, die mit viel Druck durch die Rasenfläche gezogen werden. Dabei erfolgt nicht nur ein Entfernen des im Winter zu Heu verdorrten Altgrases, sondern gleichzeitig auch eine Lockerung und somit Durchlüftung der obersten Bodenschicht.

Moos kann man sehr gut durch Vertikutieren bekämpfen.

Nützlinge und Schädlinge

Eine Einordnung nach menschlichen Vorstellungen

Nützlinge und Schädlinge in einem

Geschützte »Schädlinge«

So fördert man die Ansiedlung von Nützlingen

Wichtige Nützlinge

Häufige Schädlinge und deren Bekämpfung

Pflanzenkrankheiten und deren Bekämpfung

Eine Einordnung nach menschlichen Vorstellungen

Die Natur hat die Tiere und Pflanzen nicht nach Nützlingen und Schädlingen geordnet, sondern in ihrem Haushalt haben alle Lebewesen nur bestimmte Funktionen. Die Bezeichnungen »Nützling« und »Schädling« basieren allein auf menschlichen Wertvorstellungen.

Wenn von »Nützlingen« gesprochen wird, meint man damit im allgemeinen Tiere und Pflanzen, die nicht gärtnerisch oder landwirtschaftlich gehalten beziehungsweise angebaut werden, aber trotzdem für den Menschen mehr Vor- als Nachteile bringen. Dagegen würden in einem vom Menschen unbeeinflussten Naturhaushalt alle Tiere und Pflanzen nur unverzichtbare Teile des Ganzen darstellen, die mit ihrer spezifischen

Das Verbreitungsgebiet des Großen Kohlweißlings reicht von Nordskandinavien bis Nordafrika.

Der Kartoffelkäfer stammt aus Südamerika.

Lebensweise dazu beitragen, dass das biologische Gleichgewicht weitgehend konstant bleibt. Das bedeutet, dass sich über längere Zeiträume (von mehreren tausend oder zehntausend Jahren) Tiere und Pflanzen weder so üppig vermehren, das sie andere verdrängen, noch selbst um den Erhalt ihrer Art fürchten müssen. Für die Aufrechterhaltung des biologischen Gleichgewichts sorgen unter anderem Fressfeinde und Krankheiten sowie das vorhandene Angebot an Nahrung. Außerdem verhinderten in der Vergangenheit oftmals geografische Barrieren, wie etwa Hochgebirge, Ozeane oder Wüsten, dass die Lebewesen ihre ursprünglichen Lebensräume und damit die gut funktionierenden biologischen Kreisläufe verlassen konnten. Der Mensch hat jedoch in den vergangenen 10 000 Jahren immer massiver in den gut funktionierenden Kreislauf der Natur eingegriffen und sie nach seinen Vorstellungen verändert. So legte er beispielsweise Gärten und Felder an, in denen die Pflanzen plötzlich in einer bisher nie bekannten Individuendichte vorhanden waren. Aber wo viel potenzielle Nahrung ist, finden sich gewöhnlich auch sehr schnell viele hungrige Tiere ein.

Beispielsweise fanden sich an den neu gezüchteten Kohlpflanzen bald zahlreiche Kohlweißlinge, *Pieris brassicae*, ein und auf den Getreidefeldern siedelten sich immer mehr Feldmäuse, *Microtus arvalis*, an, die nicht nur ein reichliches Nahrungsangebot vorfanden, sondern zwischen den hohen Halmen ihrerseits vor den vielen potenziellen Fressfeinden hervorragend geschützt waren. Solche extrem günstigen Voraussetzungen führten wiederum oft dazu, dass sich die Feldmäuse explosionsartig vermehrten und als Folge davon einen großen Teil von den kultivierten Pflanzen fraßen, sodass ein erheblicher ökonomischer Schaden für die Menschen entstand.

Doch das war nicht das einzige Problem, das sich die Menschen selber schufen. Sie verfrachteten auch viele Tier- und Pflanzenarten ganz gezielt oder völlig unbewusst aus ihren ursprünglichen Biotopen in fremde Gebiete. Ein ganz typisches Beispiel hierfür ist der Kartoffelkäfer, *Leptinotarsa decemlineata*, der Anfang des 17. Jahrhunderts unbewusst mit den Kartoffeln, die man aus Südamerika importierte, nach Europa eingeschleppt wurde. In der Folgezeit konnte sich der Kartoffelkäfer wegen der fehlenden Fressfeinde ungehindert vermehren und immer weiter ausbreiten. Inzwischen gehört dieser Schädling zwar zum Nahrungsspektrum einiger europäischer Vogelarten, von denen sich allerdings bisher noch keine ausschließlich auf diesen Käfer spezialisiert hat.

Nützlinge und Schädlinge in einem

Bei vielen Tieren ist es nicht möglich, sie ausschließlich in eine Kategorie einzuordnen, weil sich bei ihnen Nutzen und Schaden annähernd die Waage halten. Nachfolgend werden einige dieser Tiere mitsamt ihrer Nutz- und Schadwirkungen vorgestellt.

Eichhörnchen
(Sciurus vulgaris)

Beim Eichhörnchen handelt es sich um ein weit verbreitetes, sehr agiles Nagetier, das hervorragend klettern und springen kann.

Zu seinen bevorzugten Lebensräumen gehören Wälder und Parks, aus denen es als sogenannter Kulturfolger oft in Gärten einwandert, in denen sich größere Gehölze befinden.

Die Farbe der Felloberseite kann von hellrot bis zu braunschwarz variieren, während die Bauch- und Brustregion weiß bis cremegelb ist. Im Winter wird das Fell oft dunkler und nimmt sogar manchmal einen grauen Farbton an.

Vom Ernährungstyp sind Eichhörnchen Allesfresser. In Abhängigkeit von der jeweiligen Jahreszeit setzt sich die Nahrung vorwiegend aus Beeren, Früchten, Nüssen und verschiedenen Samen, wie etwa von Buchen, Eichen und Fichten, zusammen. Außerdem fressen diese Tiere auch Knospen, zarte Rindenstücke, Blüten, Flechten sowie Vogeleier, Jungvögel, Würmer, Insekten und Schnecken. Bemerkenswerterweise mögen die Eichhörnen sogar zahlreiche für den Menschen giftige Pilzarten sowie die ebenfalls giftigen Samen von Eiben.

Im Garten stibitzen die Eichhörnchen häufig Hasel- und/oder Walnüsse sowie Obst, was diesen Tieren jedoch wegen ihres sehr possierlichen Aussehens von den meisten Gartenfreunden verziehen wird. Parallel dazu verschwindet aber auch so manches größere Schadinsekt sowie dessen Larven in den Mäulern dieser Nager.

Manchmal gewöhnen sich die Eichhörnchen derartig stark an den Gartenbesitzer, dass sie nach einiger Zeit sogar Futter aus dessen Händen nehmen. Allerdings sollte man dabei nie versuchen, die Tiere zu berühren, denn das könnten sie als Bedrohung auffassen und sofort schmerzhaft zubeißen.

Eichhörnchen sind Allesfresser.

Europäischer Maulwurf
(Talpa europaea)

Der Europäische Maulwurf gehört in Deutschland, Österreich und der Schweiz zu den geschützten Arten.

Der Maulwurf gehört zur Ordnung der Insektenfresser (Eulipotyphla) und ist in Mitteleuropa zugleich der einzige Vertreter aus der Familie der Maulwürfe (Talpidae). Seine Nahrung, die vorwiegend aus Würmern, Insekten und deren Larven besteht, findet er entweder beim Graben im Erdreich, beim Ablaufen seines Gangsystems oder direkt auf der Erdoberfläche. Abgesehen davon, dass sich in der aufgenommenen Nahrung relativ viele Regenwürmer befinden, empfinden die meisten Gartenfreunde die Grabaktivitäten und die dabei aufgeworfenen Maulwurfshaufen (vor allem, wenn sie sich auf Rasenflächen befinden) als sehr störend. Aus diesem Grund sind sie darin interessiert, dass der kleine Kerl schnell wieder verschwindet.

Maulwürfe gehören aber zu den geschützten Tieren und dürfen deshalb weder getötet und eigentlich auch nicht in ihrer natürlichen Lebensweise gestört werden. Letzteres wird jedoch oft ignoriert. Aber ohnehin ist es immer besser, einen störenden Maulwurf vorsichtig zu fangen und anschließend an einem weit entfernten Ort wieder auszusetzen, als ihn wohlmöglich mithilfe von Wühlmauspatronen zu vergasen oder Giftköder auszulegen.

Bevor allerdings eine solche Fangaktion gestartet wird, sollte man sich erst genau vergewissern, ob die aufgeworfenen Erdhaufen tatsächlich von einem Maulwurf und nicht von einer Wühlmaus stammen. Im Unterschied zu den aufgeworfenen Erdhaufen eines Maulwurfs sind die der Wühlmäuse nicht nur flacher, sondern auch oft mit Gras und Wurzelresten durchsetzt. Außerdem türmt der Maulwurf seine Hügel in relativ regelmäßigen Abständen auf. Eine Methode zur wirklich sicheren Identifikation des entsprechenden Tieres besteht nur darin, mithilfe eines Spatens oder einer Schaufel einen Erdhaufen so abzutragen, dass die Öffnung zum Gangsystem sichtbar wird. Danach deckt man diese beispielsweise mit einer kleinen Holzplatte zu und wartet ein paar Stunden. Anschließend wird die Holzplatte wieder entfernt. Falls dann die ursprüngliche Gangmündung mit lockerem Erdreich verstopft ist, hat man es mit einer Wühlmaus zu tun, denn Maulwürfe schließen solche Öffnungen nicht wieder.

Fangen eines Maulwurfs

Zu diesem Zweck muss man den Zeitpunkt abwarten, bis der Maulwurf einen neuen Erdhaufen an die Oberfläche schiebt. Dann wird mit einem tiefen Spatenstich das lockere Erdreich samt Maulwurf herausgehoben und der kleine Kerl vorsichtig in einen bereitstehenden Eimer gesetzt.

Dieser Eimer dient gleichzeitig als Transportgefäß, um den Maulwurf zu einer anderen Fläche, beispielsweise zu einer Waldwiese, zu tragen und ihn dort wieder freizulassen.

Amsel
(Turdus merula)

Wenn man einmal die Unbekümmertheit beobachtet, mit welcher die auch als Schwarzdrosseln bezeichneten Amseln im Garten herumstolzieren, fällt es schwer, sich vorzustellen, dass sie noch vor rund 150 Jahren zu den scheuesten Vögeln des Waldes gehörten. Inzwischen hat sich die bis 25 cm lange Amsel zu einem klassischen Kulturfolger entwickelt, der in Wohngebieten, Gärten sowie auf Friedhöfen und in Parks scheinbar allgegenwärtig ist.

Amselmännchen, auch Amselhahn genannt, bei der Futtersuche

Die erwachsenen Männchen haben ein lackschwarzes Gefieder, von dem sich der leuchtend gelbe Schnabel und die ebenfalls gelben Ringe, die die Augen umgeben, deutlich abheben.

Dagegen besitzen die Weibchen ein dunkelbraunes Rückengefieder sowie eine etwas hellere Brust-Bauch-Region, auf der sich zahlreiche dunkle Flecken befinden.

Die Amselmännchen besetzten Reviere, die sie gegen männliche Artgenossen energisch verteidigen. Damit es jedoch zu möglichst wenig Auseinandersetzungen kommt, warnen die Revierbesitzer alle potenziellen Rivalen durch ihren Gesang, der gleichzeitig zum Anlocken eines Weibchens dient.

Das Amselweibchen besitzt ein weniger auffälliges Gefieder.

Zumeist werden zwei Bruten pro Jahr aufgezogen, wobei die Gelege im Durchschnitt aus 4 bis 5 Eiern bestehen. Das dafür erforderliche Nest bauen die Amseln oftmals nur 1 bis 1,5 m über dem Erdboden in dichten Sträuchern oder auf kleinen Bäumen.

Amselnest mit Eiern

Amseln sind Allesfresser, die ihre Jungen fast ausschließlich mit tierischer Nahrung füttern. Das Nahrungsspektrum umfasst neben den unterschiedlichsten Insekten, vor allem Nackt- und Gehäuseschnecken, Spinnen und Asseln. In Ausnahmefällen werden auch Eidechsen, Frösche, Kröten, Mäuse, Spitzmäuse und Blindschleichen erbeutet sowie die Nester kleiner Singvögel geplündert. Sobald in der Natur und im Garten die stärker zuckerhaltigen Beeren und Früchte reifen, bedienen sich die Amseln oft sehr reichlich an diesen pflanzlichen Komponenten. Falls sich nur wenige, (noch) nicht sehr ergiebig tragende Beerensträucher im Garten befinden, die nicht rechtzeitig abgeerntet werden, kann es passieren, dass die Amseln diese binnen weniger Tage komplett plündern.

Die Amsel verbringt den Winter bei uns.

Das Gefieder von Männchen und Weibchen der Wacholderdrossel weist keine Unterschiede auf.

Wacholderdrossel
(Turdus pilaris)

Bei der Wacholderdrossel handelt es sich um einen fast amselgroßen Vogel, der eine markante Sprenkelung auf seinem hellen Brust- und Bauchgefieder aufweist. Im Unterschied dazu sind Kopf, Rücken- sowie das Schwanzgefieder mehr oder weniger grau und die Flügeldecken zeigen eine mittelbraune Färbung.

Besonders oft ist dieser Vogel in Gärten anzutreffen, in denen sich neben zahlreichen Gehölzen auch kurzgeschnittene Rasenflächen sowie Beete mit frischen Böden befinden, wo die Wacholderdrosseln einen Teil ihrer Nahrung finden. Letztere setzt sich vor allem aus Beeren und Früchten sowie Regenwürmern, Insekten und Spinnen zusammen.

Wacholderdrosseln ziehen in Mitteleuropa oft zwei Bruten auf. In diesen Fällen erfolgt die erste Brut Ende März/Anfang April und die zweite im Juni. Das Nest wird auf Bäumen oder hohen Sträuchern errichtet, wo es zumeist in einer Stammgabelung eingebettet ist.

Für den napfähnlichen Rohbau des Nestes nutzen die Wacholderdrosseln trockene Grashalme oder Blätter. Anschließend kleiden sie diesen Rohbau mit nasser Erde aus, auf die sie wiederum eine Schicht Grashalme legen.

Wacholderdrosselgelege umfassen 5 bis 6 Eier. Daraus schlüpfen nach durchschnittlich zwölf Tagen die Jungen, deren Fütterung vorwiegend mit tierischer Nahrung erfolgt. Nach rund drei Wochen sind die Jungen flügge und im Alter von dreißig Tagen vollkommen selbstständig.

Zwischen Ende September und Ende November fliegen die meisten Wacholderdrosseln in ihre im Mittelmeerraum sowie in Südwesteuropa befindlichen Winterquartiere, aus denen sie Ende Februar zurückkehren.

Einige Wacholderdrosseln bleiben während des Winters in Mitteleuropa und fressen während dieser Zeit unter anderem nicht abgeerntete Früchte und Beeren.

Star
(Sturnus vulgaris)

Beim Star, der über ein verhältnismäßig kurzes Schwanzgefieder verfügt, handelt es sich um einen geselligen, bis zu 22 cm großen Vogel, dessen natürliches Verbreitungsgebiet sich von Europa bis in die gemäßigten Klimazonen Asiens erstreckt. Oftmals finden sich diese Vögel zu Schwärmen zusammen, um anschließend gemeinsam umherzuziehen, wobei sie ständig nach Futter Ausschau halten.

Erwachsene Stare besitzen ein schwarzes Federkleid, das einen me-

Stare halten sich an einem geschrumpften Apfel schadlos.

tallischen Glanz aufweist und mit zahlreichen kleinen, silbrigweißen Pünktchen überzogen ist. Im Unterschied zur Amsel, die am Boden hüpft, schreitet der Star fast majestätisch.

Das etwas unordentlich aussehende Nest wird zwischen April und Juni in einer Baumhöhle oder einem Nistkästchen errichtet und besteht vorwiegend aus Blättern, trockenem Gras, Wurzeln, Haaren und Federn. In dieses Nest legen die Weibchen 4 bis 8 Eier, die 11 bis 13 Tage bebrütet werden. Anschließend füttern die Altvögel ihre Nestlinge knapp drei Wochen lang, wobei das Futter nahezu ausschließlich aus eiweißreichen, tierischen Komponenten, beispielsweise aus Insekten und Spinnen, besteht.

Die erwachsenen Stare, die sich teilweise auch von tierischer Nahrung, wie etwa Regenwürmern und Nacktschnecken ernähren, zeigen gleichzeitig eine große Vorliebe für Kirschen, Äpfel und manchmal auch für Weinbeeren. Dabei hacken sie die meisten Früchte nur an, wonach diese nicht nur unschön aussehen, sondern gleichzeitig auch ihr Marktwert sinkt.

In den wärmeren Gebieten bleiben die Stare oft ganzjährig in Europa, während sie kältere Gegenden im Oktober verlassen, um in Richtung Mittelmeer oder nach Südeuropa zu fliegen. Im März kehren sie von dort zurück.

Stare brüten in Nistkästen oder natürlichen Höhlen.

Ohrwürmer
(Dermaptera)

In vielen Gegenden hält sich noch immer hartnäckig das Gerücht, dass die landläufig auch als Ohrenkneifer bezeichneten Ohrwürmer in die Gehörgänge schlafender Menschen kriechen, deren Trommelfelle durchtrennen und ihre Eier in den Gehirnen ihrer Opfer ablegen. Aber das ist absoluter Unsinn, denn einerseits zeigt keine Ohrwurmart auch nur ansatzweise ein derartiges Verhalten und andererseits wären die Zangen dieser Insekten viel zu schwach, um ein Trommelfell zu durchtrennen. Stattdessen werden die am Körperende befindlichen Zangen hauptsächlich als Hilfsmittel bei der Paarung, zur Verteidigung sowie zum Festhalten von Nahrung genutzt.

Die in Mitteleuropa am häufigsten vorkommende Art ist der vorwiegend nachtaktive Gemeine Ohrwurm, *Forficula auricularia*, der bis 1,5 cm lang werden kann. Seine Nahrung setzt sich sowohl aus tierischen als auch aus pflanzlichen Komponenten zusammen, wobei er Spinnmilben und Blattläuse sowie deren Eier besonders häufig frisst. Unter den Pflanzen haben es dem Ohrwurm vor allem die Dahlien angetan, an deren Blüten, Blättern und Knospen er oftmals fein gezackte Fraßstellen verursacht. Bei ganz starkem Befall, der allerdings nur selten vorkommt, können einzelne Dahlien sogar völlig kahl gefressen werden. Um zu vermeiden, dass sich Ohrwürmer relativ leicht in der Nähe der Dahlien einquartieren, sollte man ihnen keine geeigneten Verstecke, beispielsweise in Form hoher Pflanzstäbe, anbieten. Außerdem kann man diese Insekten ablesen und auf andere Pflanzen setzen, die möglichst weit von den Dahlien entfernt, aber gleichzeitig von Blattläusen oder Spinnmilben befallen sind. An derartigen Pflanzen, die mit tierischer Nahrung reichlich versehen sind, erlischt des Interesse der Ohrwürmer an den Dahlien gewöhnlich sehr schnell.

Ohrwürmer vermehren sich im Frühjahr oder Herbst. Die Weibchen legen dann zwischen 50 und 90, ungefähr 1,5 mm große Eier in ein unterirdisches Nest und bewachen dieses bis zum Schlupf der Larven. Letztere sehen ihren Eltern beim Schlüpfen bereits sehr ähnlich. Während ihrer anschließenden Larvenzeit häuten sich die jungen Ohrwürmer bis zu fünfmal. Diese Häutungen erfolgen, weil die alten Körperhüllen nicht mitwachsen und den intensiv fressenden Larven im Laufe der Zeit zu eng werden.

Ohrwürmer lieben Blattläuse.

Feuerwanzen werden auch oft als Franzosenkäfer bezeichnet.

Feuerwanzen mögen die Gemeinschaft von Artgenossen.

Feuerwanze
(Pyrrhocoris apterus)

Obwohl die 9 bis 11,5 mm langen, schwarz-rot gefärbten Feuerwanzen eindeutig zu den Wanzen *(Heteroptera)* gehören, werden sie landläufig häufig als Franzosen-, Schuster- oder Feuerkäfer bezeichnet.

Es handelt sich bei ihnen um sehr gesellig lebende Tiere, von denen man vor allem unter Linden manchmal Ansammlungen von über hundert Exemplaren findet.

Zu einem Großteil ernähren sich die Feuerwanzen von zu Boden gefallenen Samen. Sie verschmähen aber auch lebende und tote Insekten sowie deren Eier und Larven nicht. Zur Deckung ihres Flüssigkeitsbedarfs saugen sie den Saft aus den Stängeln und Blättern frischer krautiger Pflanzen.

Die Fortpflanzungszeit erstreckt sich bei den Feuerwanzen von April bis Mai, wobei die eigentliche Paarung oft dreißig oder mehr Stunden dauert.

Anschließend legen die Weibchen bis zu hundert Eier in weitgehend trockenes Falllaub ab.

Geschützte »Schädlinge«

Unter den Edelfaltern existieren einige Arten, deren Raupen an Nutz- beziehungsweise Zierpflanzen parasitieren. Abgesehen davon, dass die durch diese Raupen verursachten Schäden äußerst gering sind, stehen die Edelfalter unter Schutz und dürfen deshalb weder getötet noch verfolgt werden.

Kaisermantel
(Argynnis paphia)

Der gelegentlich auch als Silberstrich bezeichnete Kaisermantel erreicht eine Flügelspannweite von 5,5 bis 6,5 cm. Im Unterschied zu den weiblichen Exemplaren, deren Körperfärbung dunkler ist und teilweise sogar etwas ins Grünliche tendiert, sind die Flügeloberseiten der Männchen leuchtend orange und mit zahlreichen kleinen, braunschwarzen Flecken besetzt.

In Mitteleuropa bringt diese Schmetterlingsart jährlich nur eine Generation hervor. Zu diesem Zweck legen die Weibchen ihre Eier an Bäumen, vorzugsweise Kiefern- und Fichtenarten ab, in deren Nähe sich Veilchen oder Mädesüß befinden. Im Spätsommer schlüpfen aus diesen Eiern dunkelbraune Raupen, die sich sofort ein Überwinterungsquartier suchen, ohne zuvor noch Nahrung aufzunehmen. Mit der Nahrungsaufnahme wird erst im folgenden Frühjahr begonnen, wobei die Raupen zu den bereits erwähnten Veilchenarten oder zu Mädesüß-Stauden kriechen, die ihnen als Wirtspflanzen dienen.

Die Raupen des Kaisermantels können bis zu 4 cm lang werden. Sie besitzen charakteristische braun-orangefarbene Dornen und zwei dünne, gelbe Rückenlinien. Außerdem befindet sich an ihrem Körperende ein schwarzes Dornenpaar, das in seinem Aussehen ein wenig an Fühler erinnert.

Kaisermantel auf einer Blüte

Kaisermantel, Flügeloberseite

Schwalbenschwanz
(Papilio machaon)

Der Schwalbenschwanz besitzt kräftig schwarz und gelb gemusterte Flügel. Am inneren Rand der hinteren Flügel befinden sich zwei leuchtend rote, blau und schwarz umrandete Flecken. Außerdem weisen die unteren Ränder jedes Hinterflügels eine zipfelartige Verlängerung auf, die mit etwas Fantasie an einen Schwalbenschwanz erinnert.

Seit einigen Jahrzehnten zeigen die in Mitteleuropa lebenden Bestände des Schwalbenschwanzes eine ständig rückläufige Tendenz auf, weshalb man diese Schmetterlinge im Vergleich zu Admiralen, Tagpfauenaugen sowie Kleinen Füchsen nur noch relativ selten zu Gesicht bekommt.

Der Schwalbenschwanz legt seine Eier gern an Möhrenkraut, Dill, Kümmel, Petersilie und Bibernell ab, die später den sehr plakativ gefärbten und verhältnismäßig großen Raupen als Nahrung dienen. Anfangs sind diese Raupen noch schwarz gefärbt und besitzen nur rote Warzen sowie einen großen weißen Fleck auf dem Rücken. Später zeigen sie am gesamten Körper ein grünschwarzes Ringelmuster, wobei sich auf jedem der schwarzen Ringe wiederum sechs orangefarbene Punkte verteilen.

In Mitteleuropa erscheinen die Schwalbenschwänze zwischen Juni und Ende September/Anfang Oktober und bringen während dieser Zeit ein bis zwei Generationen hervor.

Dank seiner auffälligen Musterung ist der Schwalbenschwanz leicht zu erkennen.

Die Raupe des Schwalbenschwanzes wird etwa 4,5 cm lang.

So fördert man die Ansiedlung von Nützlingen

Gärten, in denen sowohl ein artenreicher Pflanzenbestand (zu welchem auch Bäume und Sträucher gehören) als auch abwechslungsreiche Geländegestaltungen vorhanden sind, stellen sehr günstige Voraussetzungen für die dauerhafte Ansiedlung zahlreicher Tierarten dar.

Beispielsweise haben sich für die Ansiedlung von Eidechsen kleine sonnenüberflutete Steinhügel oder Natursteinmauern, die viele Ritzen und Spalten aufweisen, als sehr vorteilhaft erwiesen. Solche Strukturen bieten den Reptilien nicht nur günstige Möglichkeiten, um ausgiebige Sonnenbäder zu nehmen, sondern fungieren bei drohenden Gefahren gleichzeitig als Verstecke.

Die meisten Tierarten fühlen sich in Gärten am wohlsten, in denen Wasser vorhanden ist oder sich zumindest in der Nähe befindet. Das kann beispielsweise ein kleiner Bach sein, der direkt am Grundstück vorbei fließt, eine auf dem Rasen aufgestellte Vogeltränke, die regelmäßig gefüllt und gesäubert wird, oder ein Teich, der außerdem zur optischen Aufwertung der gesamten Gartenlandschaft beiträgt. Manchen Tieren dient das Wasser nur zum Stillen ihres Durstes, während andere an heißen Tagen auch gern ein ausgiebiges Bad darin nehmen.

Zahlreiche Vogelarten kann man durch das Anbringen von Nistkästen anlocken. Dabei müssen die Größe

Steinmauern und -anhäufungen begünstigen die Ansiedlung von Eidechsen.

Künstliche Nistmöglichkeiten, die von Feldsperlingen dankbar angenommen wurden.

des Kastens sowie die Form und die Abmessungen des Einflugloches den Ansprüchen derjenigen Arten entsprechen, die man gern im Garten ansiedeln möchte. Beispielsweise akzeptieren Gartenrotschwänze, *Phoenicurus phoenicurus*, nur Nistkästen, die ein ovales Einflugloch aufweisen, während der Gartenbaumläufer, *Certhia brachydactyla*, lieber einen Einflugschlitz an der Rückwand mag, der 4,5 x 2,0 cm lang sein sollte.

Viele Gartenfreunde möchten den Vögeln, die im Sommer eifrig nach Schädlingen suchen, das Leben während der kalten Jahreszeit etwas er-

Schwalbenkinderstube unter einem Balken

Bereits ganz einfache Holzstapel sowie zum mehrjährigen Trocknen aufgeschichtetes Brennholz bieten vielen Insekten Verstecke und Winterquartiere.

leichtern und stellen zu diesem Zweck Futterhäuschen auf. Das ist zweifelsfrei auch sehr lobenswert, wenn die Fütterung richtig durchgeführt wird. Anfangs sollte man immer nur sehr wenig Nahrung in das Häuschen legen, die nicht primär zum Sattwerden, sondern nur zum Anlocken der Vögel dient, damit sich diese allmählich an die Futterstelle gewöhnen. Sobald die Vögel das Futterhäuschen gut annehmen, ist es ratsam, die täglich angebotenen Futtermengen allmählich zu steigern.

Genau wie für Vögel ist es auch für Insekten möglich, künstliche Nistsowie Überwinterungshilfen in Form von sogenannten Insektenhotels zu schaffen. Dabei handelt es sich um einen aus Kant- oder Rundhölzern gefertigten, regalähnlichen Stand, der mit einer Überdachung versehen wurde. Um eine möglichst große Versteckvielfalt zu gewährleisten, die den Ansprüchen zahlreicher Insektenarten genügt, füllt man die einzelnen Etagen mit unterschiedlichen Materialien, wie etwa Hohlblocksteinen, Bambusrohren, Schilfhalmen, Holzwolle, Stroh sowie Holz- und Borkenstücken aus. Dabei ist es wichtig, die Materialien so hineinzuschichten, dass zwischen ihnen zahlreiche kleine Lücken und Spalten entstehen, die den Insekten als Quartiere dienen. Falls man kein Insektenhotel bauen, aber Florfliegen dennoch etwas Gutes tun möchte, bietet es sich an, im Herbst einige größere Blumentöpfe mit sauberem, trockenem Getreidestroh auszustopfen und anschließend glockenartig an Bäume zu hängen. Dabei hat es sich bewährt, ein grobmaschiges Netz über die Blumentöpfe zu bin-

Als sehr komfortabel haben sich die reich strukturierten Insektenhotels erwiesen.

den, wodurch verhindert wird, dass das Stroh wieder herausfallen kann. Derartige Unterschlupfmöglichkeiten werden von Florfliegen mindestens genauso gern angenommen wie ein Insektenhotel. Andere, ebenfalls häufig genutzte Winterquartiere sind die Hohlräume in Brennholzstapeln, die zum Trocknen aufgeschichtet wurden.

Nachdem in einem Garten die verschiedensten Vorraussetzungen für die dauerhafte Etablierung einer artenreichen Nützlingsfauna geschaffen wurden, darf man trotzdem niemals erwarten, dass die sich einfindenden Nützlinge künftig Wunder vollbringen. Wie bereits erwähnt, stellt ein völlig schädlingsfreier Garten einen Wunschtraum dar. Durch die größtmögliche Ansiedlung von Nützlingen ist es jedoch möglich, die Schädlinge weitgehend »in Schach« zu halten. Dadurch kann man in der Folgezeit häufiger auf industrielle Schädlingsbekämpfungsmittel verzichten und somit einen Beitrag zur Schonung der Umwelt leisten.

Die sogenannten Insektenhölzer stellen eine Art »Minihotel« für Insekten dar.

Wichtige Nützlinge

Igel
(Erinaceus europaeus)

Von dem Igel, der zur Ordnung der Insektenfresser (Eulipotyphla, früher Insectivora) gehört, existieren in Europa zwei Unterarten, die aufgrund der charakteristischen Fellfärbung ihres Brustbereiches als Braunbrustigel, *Erinaceus erinaceus europaeus*, beziehungsweise als Weißbrustigel, *Erinaceus erinaceus concolor*, bezeichnet werden. Ein unverkennbares Merkmal aller Igel sind ihre Stacheln, bei denen es sich ursprünglich um Haare handelte, die sich im Lauf der Evolution zu einem »bewaffneten Frieden« umwandelten. Bei einer drohenden Gefahr suchen diese Tiere deshalb auch nur sehr selten ihr Heil in der Flucht, sondern sie rollen

Igel sind in jedem Garten willkommen.

Igel fressen zwar gelegentlich etwas Fallobst, aber dass sie es mit ihren Stacheln aufspießen und wegtragen, gehört ins Reich der Fabel.

sich zu einer stachligen Kugel zusammen. Während der wärmeren Jahreszeit schlafen die Igel tagsüber zumeist in einem gut geschützten Versteck, das sich beispielsweise unter einem Holzstapel, einem Laub- oder Reisig- beziehungsweise Komposthaufen oder zwischen dicht stehenden Gehölzen befinden kann. Sobald die Dämmerung einsetzt, beginnen diese als Einzelgänger oder im Mutter-Kind-Verband lebenden Tiere ihr Revier nach Nahrung zu durchstreifen. Letzteres setzt sich hauptsächlich aus Käfern, Würmern, Schnecken, Raupen, Spinnen, Vogeleiern, nestjungen Mäusen sowie Beeren, Nüssen und Aas zusammen. Manche Gartenfreunde wollen ihrem Igel etwas Gutes tun und bieten ihm Kuhmilch an. Das sollte man jedoch unterlassen, weil die Igel davon starke Verdauungsstörungen bekommen. Dagegen ist gegen die im Handel erhältliche Katzenmilch oder einen leicht mit Honig gesüßten Fenchel- beziehungsweise Kamillentee nichts einzuwenden, weil diese Getränke gut vertragen werden.

Eine Wasserstelle im Garten, zum Beispiel auch ein Vogelbad, wird gern angenommmen.

Sobald es Herbst wird, suchen sich die Igel ein warmes Quartier für den Winterschlaf, der von Ende November bis Mitte/Ende März andauert. Oftmals wählen sie dafür große, dichte Laub-Reisig-Haufen aus, die man deshalb im Herbst nicht abbrennen sollte.

Fledermäuse
(Microchiroptera)

Bei den Fledermäusen handelt es sich um eine Unterordnung der Säugetiere, die in Mitteleuropa mit exakt 25 Arten verbreitet ist. Aufgrund ihrer rückläufigen Bestandszahlen stehen diese Tiere in Deutschland bereits seit Jahrzehnten unter Naturschutz. Die Nahrung der Fledermäuse setzt sich zu einem Großteil aus Insekten, allen voran Nachtfalter und Stechmücken, zusammen, die diese dämmerungs- und nachtaktiven Tiere zumeist im Flug erbeuten.

Fast alle Fledermausarten mögen die Gemeinschaft ihresgleichen, weshalb oft mehrere hundert Exemplare gemeinsame Schlafquartiere und Wochenstuben besiedeln, die sich beispielsweise in Höhlen, stillgelegten Bergwerkstollen, Kirchtürmen, Burgruinen und/oder im Dachgebälk von Wohnhäusern, Stallungen oder Scheunen befinden. Während der kalten Jahreszeit halten die Fledermäuse wegen des fehlenden Nahrungsangebots Winterschlaf. Dabei krallen sie sich mit ihren Hinterextremitäten an einem Balken, Mauervorsprung oder etwas Ähnlichem fest und lassen den Kopf senkrecht nach unten hängen.

Fledermaus bei ihrer nächtlichen Jagd nach Insekten

Das Braune Langohr gehört zu den mittelgroßen Arten Europas.

Mauswiesel
(Mustela nivalis)

Das Mauswiesel, das in manchen Gegenden auch als Klein- oder Zwergwiesel sowie als Hermännchen bezeichnet wird, gehört zur Familie der Marder (Mustelidae). Sowohl die Körperlänge, inklusive des 2 bis 8 cm langen Schwanzes, als auch das Gewicht unterliegen bei erwachsenen Exemplaren einer beachtlichen Schwankungsbreite, die von 11 bis 26 cm beziehungsweise 40 bis 250 g variiert. Dabei sind die Weibchen generell etwas kleiner und leichter als die Männchen.

Im Sommer ist die Rückenpartie des Mauswiesels hellbraun, während Bauch, Brust und Kehlbereich eine rein weiße Färbung zeigen. Das Winterfell hat eine völlig weiße Färbung, wodurch sich diese Tiere deutlich von ihrem nächsten Verwandten, dem Wiesel oder Hermelin, *Mustela erminea*, unterscheiden. Dieses ist nicht nur größer und schwerer, sondern hat auch immer eine schwarze Schwanzspitze.

Mauswiesel pflanzen sich oft zweimal pro Jahr (im Frühjahr und im Spätsommer) fort. Nach einer Tragzeit von rund 35 Tagen bringen die Weibchen 3 bis 10 blinde Junge zur Welt, die 7 bis 8 Wochen lang gesäugt werden. Danach verlassen die Jungen die Mutter und sind bereits einen Monat später selbst fortpflanzungsfähig.

Obwohl Mauswiesel gelegentlich auch am Tag unterwegs sind, konzentrieren sich ihre Hauptaktivitäten auf die Dämmerungs- und Nachtstunden. Auf der Suche nach Nahrung verlassen sie ihre Unterschlupfe, die sich beispielsweise in Baumhöhlungen, Felsspalten, Steinhaufen oder den ehemaligen Bauen anderer Tiere befinden können, und durchstreifen ein mitunter bis zu fünfzig Hektar großes Revier. Die Nahrung des Mauswiesels besteht hauptsächlich aus kleinen Nagetieren. Außerdem werden gelegentlich auch ein paar Vögel und Reptilien erbeutet. Ihr schlanker Körperbau ermöglicht es den Mauswieseln sogar, in die oft unterirdisch angelegten Baue vieler Nager vorzudringen und dort die Beute zu überwältigen. Aufgrund ihrer geringen Körpermasse und des damit verbundenen hohen Energiebedarfs müssen die Mauswiesel täglich mindestens die Hälfte ihres Körpergewichtes an Nahrung aufnehmen.

Mauswiesel gehören zu den kleinsten Raubtieren Mitteleuropas.

Obwohl Spitzmäuse Echten Mäusen ähneln, sind sie nicht näher mit ihnen verwandt.

Spitzmäuse
(Soricidae)

Trotz ihres mausähnlichen Aussehens sind die Spitzmäuse nicht näher mit der Gattung der Echten Mäuse verwandt, sondern repräsentieren eine eigenständige Familie in der Ordnung der Insektenfresser (Eulipotyphla).

Alle in Europa lebenden Spitzmausarten zeichnen sich durch samtig weiches Fell aus. Außerhalb der Paarungszeit leben diese Tiere entweder als Einzelgänger oder im Mutter-Kind-Verband. Um ihre Körpertemperatur und den Stoffwechsel aufrecht zu halten, müssen die kleinen Spitzmäuse viel Nahrung aufnehmen. Dabei entspricht bei einigen Arten die täglich aufgenommene Nahrungsmenge annähernd dem eigenen Körpergewicht. Der Hauptbestandteil der Nahrung besteht aus tierischen Komponenten, wie etwa Insekten und deren Larven, Regenwürmern, Schnecken sowie kleinen Wirbeltieren, wobei junge Mäuse besonders gern gefressen werden. Bei der Überwältigung der letztgenannten Beutetiere hilft den Spitzmäusen ihr giftiger Speichel, der auf kleine Tiere lähmend wirkt. Als Ergänzung zu den tierischen Nahrungsbestandteilen nehmen die Spitzmäuse gelegentlich noch Nüsse und/oder fettreiche Samen auf. Unnötiger Weise werden immer wieder Spitzmäuse getötet, wenn sie anstatt der Hausmäuse in eine Schlagfalle geraten. Um das zu vermeiden, sollte man beim Vorfinden größerer Mengen (vermeintlichen) Mäusekots besser Käfigfallen aufstellen. In derartigen Fallen gefangene Exemplare kommen mit dem Schrecken davon und können sofort wieder freigelassen werden.

Spitzmäuse sind auch im Winter aktiv.

Bluthänfling

(Carduelis cannabina)

Beim Bluthänfling handelt es sich um eine etwa sperlingsgroße, zur Verwandtschaft der Finken (Fringillidae) gehörende Art, die einen sehr deutlichen Geschlechtsdichromatismus aufweist. Das Männchen besitzt einen grauen Kopf sowie eine leuchtend rote Stirn- und Brustpartie Seine Flügel sind bräunlich, die Schwanzfedern schwärzlich und die Bauchregion, die mit dunklen Längssteifen überzogen ist, gelblichbraun. Im Unterschied dazu weist das blasser wirkende Weibchen niemals eine Rotfärbung auf.

Bluthänflinge bevorzugen als Lebensräume unter anderem auch größere Gärten, in denen einige dichte Koniferen stehen. Letztere werden gern als Nistplätze gewählt. Das Nest, an dessen Bau sich beide Altvögel beteiligen, besteht aus trockenen Grashalmen, krautigen Stängeln und Moos. Das Auspolstern des Nestes erfolgt mit Tierhaaren, Federn und sehr feinem Wurzelgeflecht. Zumeist führen die Bluthänflinge nur ein bis zwei Bruten pro Jahr durch, in Ausnahmefällen können es aber auch drei sein. Brutbeginn ist zwischen Ende April und Anfang Mai. Nach etwa 14 Tagen schlüpfen aus dem zumeist 4 bis 6 Eier umfassenden Gelege die nackten, blinden Nestlinge, die während ihrer ersten Lebenstage ausschließlich mit Kropfbrei ernährt werden. Danach erhalten sie vor allem viele Blattläuse und kleine Insekten. Mit 12 bis 14 Tagen fliegen die Jungvögel erstmals aus, werden aber noch weitere 14 Tage gefüttert.

Die Nahrung der Altvögel besteht vor allem aus Sämereien, die zu einem Großteil von Unkräutern, wie etwa Vogelmiere, Löwenzahn, Hirtentäschel, Distel, Gänsefuß und Knöterich stammen.

Bluthänfling

Der Kernbeißer ist der größte in Europa heimische Vertreter aus der Familie der Finken.

Kernbeißer
(Coccothraustes coccothraustes)

In größeren, mit Gehölzen bestandenen Gärten findet sich gelegentlich der bis 18 cm lang werdende Kernbeißer ein. Seinen charakteristischen Populärnamen erhielt dieser Vogel aufgrund des großen, äußerst kräftigen Schnabels, mit dem er sogar in der Lage ist, Kirschkerne zu knacken.

Der massige Kopf ist hellbraun und unter dem Schnabel befindet sich ein lackschwarzer Fleck. Brust und Bauch zeigen eine hell gelblichbraune Färbung, während die Rückenpartie sowie die Flügel dunkelbraun sind. Letztere werden von einem breiten, weißlichen Streifen durchzogen. Im Unterschied zu den Männchen ist die Färbung bei den Weibchen etwas blasser.

Kernbeißer werden oftmals nicht bemerkt, weil sie sich bevorzugt in dicht beblätterten Gehölzen aufhalten. Ihre Brutzeit konzentriert sich auf die Monate April bis Juni. Gewöhnlich werden die Nester in hohen Bäumen errichtet und anschließend das 4 bis 6 Eier umfassende Gelege darin platziert. Nach etwa 14 Tagen schlüpfen die Jungen, die von den Altvögeln anfangs aus dem Kropf gefüttert werden.

Die bevorzugte Nahrung des Kernbeißers besteht aus den Früchten von Buche, Hainbuche, Ahorn und Ulme.

Aber auch Schlehen, Mehlbeeren, Traubenkrischen, junge Knospen sowie die Samen von Eschen und Erlen werden zumeist nicht verschmäht. Im Garten fressen die Kernbeißer neben heruntergefallenen Kirschen und Pflaumen auch Insekten und deren Larven.

Rotkehlchen
(Erithacus rubecula)

Das Rotkehlchens erhielt seinen charakteristischen Namen aufgrund des orangebraunrot befiederten Gesichts-, Kehl- und Brustbereichs. Es handelt sich bei diesem Vogel um einen ausgezeichneten Sänger, dessen Gezwitscher zuweilen etwas melancholisch klingt. Aber gleichzeitig hat sich das Rotkehlchen auch als ein hervorragender Spötter erwiesen, denn es ist in der Lage, den Gesang anderer Vogelarten, beispielsweise Blaumeisen und Buchfinken, phasenweise perfekt zu imitieren.

Während der wärmeren Jahreszeit setzt sich die Nahrung des Rotkehlchens, die zumeist am Boden gesucht wird, vorwiegend aus Insekten sowie deren Larven, Spinnen, Asseln, kleinen Schnecken und Würmern zusammen. Am Ende des Sommers wird das Nahrungsspektrum erweitert, indem immer häufiger Beeren und Samen aufgenommen werden. Im Spätherbst und Winter fungieren dann zerkleinerte Eicheln als wichtige Nahrungsbestandteile. Außerdem suchen Rotkehlchen in der kalten Jahreszeit oft Futterhäuschen auf, wo sie fast jede angebotene Nahrung bereitwillig akzeptieren.

Rotkehlchen ziehen pro Jahr zwei bis drei Bruten auf. Das offene, halbnapfförmige und von einer Überdachung geschützte Nest wird zumeist in Halbhöhlen, hohlen Bäumen, an Böschungen und zuweilen auch in einer im Garten stehenden Gießkanne beziehungsweise einem Eimer errichtet. Außerdem nutzt das Rotkehlchen gern verlassene Nester anderer Vögel. Nistkästen werden nur angenommen, wenn sie mit zwei ovalen Einfluglöchern ausgestattet sind, deren Abmessungen 3 x 5 cm betragen. Das Gelege umfasst 5 bis 6 Eier, aus denen nach einer Brutzeit von zwei Wochen die Nestlinge schlüpfen. Bis zum Flüggewerden vergehen weitere zwei Wochen. Während dieser Zeit werden die Jungen ausschließlich mit kleinen, tierischen Nahrungskomponenten gefüttert.

Rotkehlchen gehören zu den häufigsten Kuckuckswirten. Interessant ist dabei, dass ein heimlich untergeschobenes Kuckucksei trotz seiner stark abweichenden Größe und Färbung fast immer von den Rotkehlchen ausgebrütet wird. Anders verhält es sich, wenn eines der annähernd taubengroßen Kuckucksweibchen direkt auf dem Nest oder in dessen Nähe angetroffen wird. In solchen Situationen attackieren die Rotkehlchen dieses sofort sehr heftig.

Rotkehlchen sind ca. 14 cm groß.

Buchfink
(Fringilla coelebs)

Der zu den Sperlingsvögeln (Passeriformes) gehörende Buchfink ist einer der farblich attraktivsten Vögel Europas, wobei die Männchen noch bunter sind als die Weibchen. Wie viele einheimische Vogelarten brüten auch die Buchfinken fast immer zweimal pro Jahr. Im Normalfall bestehen die Gelege aus 4 bis 6 hellbraunen oder bräunlich-weißen Eiern, die vom Weibchen ausgebrütet werden.

Nach einer etwa 14-tägigen Brutzeit schlüpfen die Jungen, die von beiden Eltern ausschließlich mit tierischer Nahrung gefüttert werden. Diese setzt sich hauptsächlich aus kleinen Insekten und deren Larven sowie Spinnen zusammen. Bis zum Flüggewerden der Jungen vergehen etwa 14 Tage. Danach beginnen die Jungen – genau wie die Altvögel – relativ viel Samen sowie beerenartige Früchte zu fressen.

Während die Buchfinkenpopulationen Skandinaviens, Osteuropas und Sibiriens im Herbst nach Süden ziehen, bleiben in Mitteleuropa vor allem viele männliche Exemplare in ihrem Gebiet. Stattdessen formieren sie sich zu kleinen Schwärmen und besuchen im Winter häufig die Futterhäuschen. Manchmal bilden die Buchfinken während dieser Zeit auch gemeinsame Verbände mit den Bergfinken, *Fringilla montifringilla*.

Sobald jedoch der Frühling Einzug hält, zerfallen die winterlichen Finkengemeinschaften schnell. Bei den männlichen Buchfinken intensiviert sich die Färbung, die in den Wintermonaten ein wenig verblasst war, und sie beginnen, relativ große Brutreviere zu besetzen, die gegen Nebenbuhler verteidigt werden. Im Frühjahr lassen die Buchfinkenhähnchen auch häufig einen hellen Ruf erschallen, der wie ein »fink« oder »pink« klingt und zum Anlocken von paarungswilligen Weibchen dient.

Das Buchfinkenmännchen ist am blaugrauen Kopfgefieder erkennbar.

Das Nest wird nur vom Buchfinkenweibchen gebaut.

Schwalben
(Hirundinidae)

Zwischen der Rauch-, *Hirundo rustica*, und der Mehlschwalbe, *Delichon urbica*, existieren nicht nur hinsichtlich der Größe und Färbung deutliche Unterschiede, sondern diese Arten gehören auch verschiedenen Gattungen an. Im Vergleich zur Mehlschwalbe, die einen rein weißen Kehl-Brust-Bereich hat, besitzt die Rauchschwalbe einen sehr markanten, rotbraunen Kehlfleck, der von einem breiten, schwarzen Saum umgeben wird. Außerdem ist der Schwanz bei den Rauchschwalben stärker gegabelt als bei den Mehlschwalben.

Die Nahrungsansprüche beider Arten ähneln sich jedoch. Die vorwiegend aus kleinen Insekten, wie etwa Fliegen und Mücken, bestehende Nahrung wird fast ausschließlich im Flug gejagt. Dabei passiert es auch öfters, dass beide Schwalbenarten gemeinsam jagen. Allerdings halten sich die Mehlschwalben dann immer über den Rauchschwalben auf, wodurch eine optimale Nutzung der im gesamten Luftraum vorhandenen Nahrung möglich ist.

Rauchschwalben ziehen zwei bis drei Bruten pro Jahr auf. Das Nest befindet sich oft in Gebäuden, wo sie beispielsweise unter einem Mauervorsprung oder einem Balken eine oben offene, halbschalenförmige Konstruktion aus Schlamm, Lehm und Stroh bauen. In dieses Nest legt

Rauchschwalbe

das Weibchen durchschnittlich 4 bis 5 Eier, aus denen nach zwei Wochen die Jungen schlüpfen, die in den folgenden drei Wochen von beiden Eltern gefüttert werden. Danach verlassen die Jungen zwar das Nest, aber der familiäre Kontakt reißt zunächst nicht ab, denn die Jungen beteiligen sich später an der Fütterung der zweiten Brut. Ende September ziehen die Rauchschwalben in ihre Winterquartiere, die sich in Mittel- und Südafrika sowie im vorderen Orient und in Indien befinden.

Bei dem ebenfalls vorwiegend aus Lehm, Schlamm und Stroh bestehenden Nest der Mehlschwalben, das gern unter Dachrändern und Vordächern errichtet wird, handelt es sich um eine geschlossene Halbkugel mit einem oberseitigen Einflugloch.

Die Gelege umfassen durchschnittlich 3 bis 5 Eier, aus denen nach 12 bis 14 Tagen die Jungen schlüpfen. Bis zum anschließenden Flüggewerden vergehen weitere 25 Tage.

Viele Gartenfreunde kommen in einen Gewissenskonflikt, sobald Schwalben in ihrem Anwesen nisten. Zum einen mögen sie zwar die kleinen, fleißigen Insektenjäger, aber zum anderen stört sie der von den Jungen abgesetzte Kot, der oft an den Fassaden der Gebäude kleben bleibt. Mit einem etwa 25 cm breiten Brett, das man horizontal unter den Schwalbennestern anbringt, kann man dies jedoch verhindern.

Mehlschwalbe

Die Bachstelze wird etwa 18 cm groß und wiegt ungefähr 25 Gramm.

Bachstelze
(Motacilla alba)

Das natürliche Verbreitungsgebiet der Bachstelze erstreckt sich über Europa und große Teile der gemäßigten Klimazonen Asiens sowie über Nordafrika, wo sie ursprünglich vor allem in der Nähe von Bach- und Flussufern sowie an feuchten Gräben vorkam. In den letzten Jahrzehnten hat sich diese Art jedoch als ein sehr anpassungsfähiger Kulturfolger erwiesen, sodass man sie gegenwärtig nicht nur häufig auf Weiden, sondern auch auf Streuobstwiesen sowie in rasenreichen Gärten antrifft. Hier finden diese Vögel reichlich Nahrung, die sich vor allem aus kleinen Insekten, wie Fliegen, Mücken und Ameisen, zusammensetzt.

Bachstelzen brüten zumeist zweimal im Jahr, wobei die erste Brut normalerweise im April beginnt. Zu diesem Zweck errichtet das Weibchen in natürlichen oder künstlichen Halbhöhlen, wie sie beispielsweise in Holzstapeln vorhanden sind, ein recht zerzaust wirkendes Nest. In dieses werden 5 bis 6 Eier gelegt und 14 Tage lang bebrütet. Beide Altvögel beteiligen sich an der anschließenden Fütterung der Jungen. Diese anfangs noch blinden und tauben Nestlinge haben einen enormen Appetit, was auch normal ist, wenn man bedenkt, dass sie bereits nach zwei Wochen flügge werden. Brutwillige Bachstelzen nehmen auch gern sogenannte Nischenbrüter-Nistkästen an. Derartige Modelle müssen an der Vorderfront zwei auf einer Höhe befindliche ovale Einfluglöcher aufweisen, deren Abmessung 5,0 x 3,2 cm beträgt. Am günstigsten ist es, wenn man diese Nistkästen an einer etwas abgedunkelten und katzen- sowie mardersicheren Stelle, beispielsweise unter einem Vordach, in 1,8 bis 2,5 m Höhe aufhängt.

Eine nahe Verwandte der Bachstelze, die sich ebenfalls des Öfteren im Garten einfindet, um kleine Insekten zu jagen, ist die Schafstelze, *Motacilla flava*.

Schafstelzen sind an der gelben Brust und dem blassgrünen Rücken zu erkennen.

Die Kohlmeise ist die größte Meisenart Europas

Meisen
(Paridae)

Bei den Meisen handelt es sich um eine weit verbreitete Vogelfamilie, deren bekannteste Vertreter die Kohlmeise, *Parus major*, und die Blaumeise, *Cyanistes caeruleus*, sind. Letztere erreicht eine Kopf-Schwanz-Länge von 11 cm und ist damit um rund 3 cm kleiner als die Kohlmeise. Drei weitere, häufig vorkommende Arten sind die ebenfalls 11 cm große Tannenmeise, *Periparus ater*, die 11,5 cm große Sumpf- oder Nonnenmeise, *Poecile palustris*, sowie die Weidenmeise, *Poecile montana*, die ebenfalls eine Körperlänge von 11,5 cm erreicht. Die Färbung der Tannenmeise erinnert stark an die der Kohlmeise. Der markanteste Unterschied zwischen beiden Arten besteht in der Hinterhaupt- und Nackenfärbung. Während diese bei der Kohlmeise einheitlich lackschwarz ist, besitzt die Tannenmeise einen breiten, weißen Längsstreifen, der sich deutlich von dem restlichen Nackengefieder abhebt. Der Name der Sumpfmeise ist in gewisser Weise irreführend, denn diese Art besiedelt nur äußerst selten sumpfiges Gelände. Es handelt sich bei ihr um einen grauen Vogel mit graubraunen Flügeln sowie einer schwarzen Kopfplatte und einem ebenso gefärbten Kinn. Die sehr ähnlich aussehende Weiden- oder Mönchsmeise wirkt etwas kräftiger und besitzt außerdem ein helles Feld auf jedem Flügel.

Neben Wäldern, Parkanlagen und Feldgehölzen gehören auch Streuobstwiesen sowie Gärten mit umfangreicheren Gehölzbeständen zu den charakteristischen Lebensräumen der Meisen, die sich alle als sehr geschickte Kletterer erwiesen haben. So sind sie sogar in der Lage, auf stark schaukelnden Zweigen zu landen, um dort nach Futter zu suchen. Letzteres besteht in den Sommermonaten vorwiegend aus kleineren Insekten sowie deren Larven und Spinnen. In der kälteren Jahreszeit suchen die Meisen zwar auch die Borke der Bäume nach tieri-

Die Blaumeise ist an ihrem blau-gelben Gefieder leicht zu erkennen.

Die Tannenmeise ernährt sich von Insekten und Samen von Nadelbäumen.

schen Nahrungskomponenten ab, aber diese decken fast nie den erforderlichen Bedarf, sodass zusätzlich noch Körner und Beeren aufgenommen werden. Außerdem gehören Meisen zu den Stammgästen am Futterhäuschen, wo sie sich auch an aufgehängten Meisenringen laben, die Sonnenblumenkerne und ungesalzenes Fett enthalten.

Meisen sind klassische Höhlenbrüter, die neben Astlöchern und Mauerhöhlen mindestens genauso gern Nistkästen annehmen, die ein rundes Einflugloch aufweisen. Sobald ein Meisenpärchen im Frühjahr eine natürliche Bruthöhle beziehungsweise einen Nistkasten ausgewählt hat, verteidigen sie diese Brutstätte energisch gegen jeden Eindringling, zu denen oft auch andere Meisenarten gehören. Dabei erweisen sich Blaumeisen als besonders aggressiv und vertreiben oft sogar die deutlich größeren und massigeren Kohlmeisen.

Für den Nestbau wird sehr weiches Material, beispielsweise trockenes Gras, Moos und zarte Wurzeln, in die Bruthöhle getragen. Sobald das Nest in den Grobkonturen fertig ist, polstern die Meisen das Innere mit Federn und/oder Tierhaaren aus. Danach legen die Weibchen zwischen 6 bis 13 Eier, wobei der Durchschnitt bei 8 bis 10 Eiern liegt. In Abhängigkeit von der jeweiligen Meisenart schlüpfen daraus nach 12 bis 16 Tagen die Jungen. Diese sind scheinbar unersättlich, sodass die Altvögel bis zum Flüggewerden der Brut unermüdlich Nahrung heranschleppen, die ausschließlich aus tierischen Komponenten besteht.

Um keine Katzen oder andere Nesträuber anzulocken, wird die Nahrung jedoch fast nie in der Nähe der Bruthöhle gesucht. Das sollte man beim Platzieren von Nistkästen beachten und sie in einem genügend großen Abstand (mindestens 5 bis 10 m) zu den Gehölzen aufhängen, an denen die Meisen nach Nahrung suchen sollen.

Die Sumpfmeise kommt häufig an Waldrändern, in Parkanlagen und Gärten vor.

Ein freches Haussperlingsweibchen wagt sich an ein übriggebliebenes Croissant.

Haussperling
(*Passer domesticus*)

In Mitteleuropa zeigen die Populationen des Haussperlings, der auch oft als Spatz bezeichnet wird, seit etwa dreißig Jahren eine stark rückläufige Tendenz, sodass dieser Vogel gebietsweise schon recht selten geworden ist. Die männlichen Exemplare sind nicht nur bunter und geringfügig größer als die Weibchen, sondern wirken auch massiger. Außerdem besitzen sie einen großen lackschwarzen Brustlatz, der den Weibchen fehlt.

Landläufig wird der Haussperling häufig als ein etwas zänkischer Vogel angesehen und zumeist in die Kategorie der Schädlinge eingeordnet, weil er oft truppweise Getreidefelder aufsucht, um Körner zu fressen. Nebenbei komplettiert er seinen »vegetarischen Speisezettel« noch durch allerlei Wildkräuter- und Grässamen. Weniger bekannt ist dagegen, dass Haussperlinge auch zahlreiche tierische Nahrungskomponenten aufnehmen. Im Frühjahr und Sommer beträgt der Anteil dieser Komponenten rund 30 bis 35 Prozent der Gesamtnahrung, wobei vor allem Insekten und deren Larven gefressen werden. Die Nestlinge erhalten während ihrer ersten Lebenstage ausschließlich tierische Nahrung, die vornehmlich aus kleinen Insekten, wie etwa Blattläusen und haarlosen Raupen, besteht. Später verfüttern die Altvögel auch einen Teil Körnernahrung.

Einträchtig zusammen – Haus- und Feldsperling

Haussperlinge sind sehr gesellige Vögel, die ihre Nester am liebsten in der Nähe von Artgenossen errichten. Lediglich die direkte Umgebung des Nestes sowie die Schlafplätze werden als »Privatsphäre« angesehen und gegen Artgenossen verteidigt. Als Nistplätze bevorzugen Haussperlinge höhlenartige Verstecke aller Art, wobei schlitzartige Öffnungen unter Dachziegeln besonders begehrt sind. Falls nirgendwo geeignete Bruthöhlen vorhanden sind, bauen die Haussperlinge ihre Nester auch manchmal in Bäumen und Sträuchern. Gelegentlich wird der Haussperling mit seinem Verwandten, dem Feldsperling, *Passer mantanus*, verwechselt. Bei letzteren besitzen die Männchen aber nicht nur einen schwarzen Brustlatz, sondern an jeder Seite ihres Kopfes einen ebenso gefärbten Wangenfleck, der etwas oval ist.

Rotschwänze

(Phoenicurus)

Der Hausrotschwanz, *Phoenicurus ochruros*, und der Gartenrotschwanz, *Phoenicurus phoenicurus*, stellen sehr unterschiedliche Ansprüche an ihren Brutplatz.

So benötigt der Hausrotschwanz eine Halboffenhöhle, wie sie beispielsweise zwischen zwei Dachbalken, die im spitzen Winkel aufeinander treffen, vorhanden ist. Im Unterschied dazu will der Gartenrotschwanz eine Nistmöglichkeit mit einem relativ kleinen, ovalen Einschlupf, wie etwa eine kleine Asthöhlung in einem Obstbaum. Diese Aspekte sollte man unbedingt berücksichtigen, wenn gezielt für eine der beiden Rotschwanz-Arten Nistkästen ausgewählt werden. Für den Gartenrotschwanz müssen diese Einfluglöcher aufweisen, deren Abmessung etwa 3,2 x 5,0 cm beträgt, während der Hausrotschwanz einen breiten Einflugschlitz haben will, der sich über die gesamte Vorderfront des Kastens erstreckt.

Die Nahrung beider Rotschwanz-Arten besteht vornehmlich aus kleinen Insekten, wie etwa Fliegen und Mücken. Außerdem werden gelegentlich Spinnen und im Frühherbst auch einige Beeren gefressen. Hausrotschwänze lassen sich auch sehr gern auf industriell gefertigten Kompostern nieder, wenn diese am Vortag mit frischem Rasenschnitt eingefüllt wurden. An dem Rasenschnitt haften nämlich die Eier von zahlreichen kleinen Insektenarten, aus denen sich aufgrund der im Komposter herrschenden Wärme schnell Vollinsekten entwickeln. Sobald es letzteren gelingt, durch eine Ritze des Komposters herauszufliegen, werden viele von ihnen zur Beute des Hausrotschwanzes.

Gartenrotschwanz-Männchen

Der Hausrotschwanz ist ein ausdauernder Sänger.

Beide Rotschwanz-Arten sind Zugvögel, die unterschiedlich weite Flugstrecken zurücklegen. Während der Gartenrotschwanz die Wintermonate tief im Inneren Afrikas verbringt, zieht der Hausrotschwanz gewöhnlich in ein an das Mittelmeer grenzendes Land.

Die Heckenbraunelle ähnelt den Sperlingsvögeln.

Heckenbraunelle
(Prunella modularis)

Eigentlich handelt es sich bei der 14 bis 15 cm großen Heckenbraunelle um einen Waldvogel, der sich auch oft in Gärten einfindet, in denen dicht stehende, reich beblätterte Sträucher vorhanden sind.

Der Kopf und die Brustregion zeigen bei der Heckenbraunelle eine aschgraue Färbung. Dagegen sind die Flügeldecken, der Schwanz und der Rückenbereich braun und mit zahlreichen dünnen schwarzen Steifen überzogen.

In der wärmeren Jahreszeit nehmen die Heckenbraunellen fast ausschließlich tierische Nahrung, etwa Insekten, deren Larven und Spinnen auf, während sie in den Wintermonaten vor allem Sämereien fressen.

Bei den Heckenbraunellen besetzen auch die Weibchen Reviere, die sich fast immer mit denen von mehreren Männchen überlappen. Deshalb kommt es häufig vor, dass ein Weibchen gleich zwei Männchen zum Partner hat.

Jährlich werden zwei Bruten durchgeführt, von denen die erste im April und die zweite im Juli erfolgt. Ihr Nest errichten die Heckenbraunellen unmittelbar über dem Boden. Sie legen 3 bis 6 Eier, aus denen nach zwei Wochen die Jungen schlüpfen. Diese werden 11 bis 14 Tage lang von beiden Altvögeln mit kleiner tierischer Nahrung versorgt, zu der auch viele Blattläuse gehören.

In Gebieten mit extrem kaltem Klima und langen Wintern kommt es gelegentlich vor, dass Heckenbraunellen während der Wintermonate in Richtung Südeuropa beziehungsweise in die Mittelmeerregion abwandern.

Gimpel
(Pyrrhula pyrrhula)

Bei dem auch oft als Dompfaff oder Blutfink bezeichneten Gimpel handelt es sich um einen Vertreter aus der Familie der Finkenvögel (Fringillidae). Dieser bis 19 cm große Vogel zeigt einen starken Geschlechtsdimorphismus, wobei das Männchen durch seinen blaugrauen Rücken und den leuchtend roten Brust-Kehl-Bereich wesentlich bunter aussieht als das Weibchen. Letzteres besitzt einen kräftig braungrauen Rücken sowie eine helle, ebenfalls graubraune Brust-Kehl-Region. Gimpel suchen Gärten und Streuobstwiesen nur häufiger auf, wenn einige Nadelbäume vorhanden sind, wobei Flächen mit Fichten besonders bevorzugt werden.

Das breit gefächerte Nahrungsspektrum des Gimpels umfasst neben Unkrautsamen, wie etwa von Brennnesseln, Löwenzahn und Ampfer, auch Insekten und Beeren. Außerdem werden im Spätwinter sowie im zeitigen Frühjahr gelegentlich Knospen von Obstbäumen verbissen, wobei die dabei entstehenden Schäden kaum ins Gewicht fallen.

Pro Jahr erfolgen zwei Bruten. Zu diesem Zweck bauen die Gimpel in einem Nadelgehölz oder einem dicht beblätterten, großen Strauch ein vorwiegend aus dürren Zweigen, Krautstängeln und Grashalmen bestehendes Nest, in welches das Weibchen 4 bis 5 Eier legt. Anschließend wird das Gelege 13 bis 14 Tage lang bebrütet. Die Fütterung der Nestlinge, an der sich beide Altvögel beteiligen, erfolgt mit Blattläusen, Ameisen und kleinen Gehäuseschnecken.

Später wird das Futter zunehmend auf Sämereien umgestellt. Nach etwa 15 bis 18 Lebenstagen sind die Jungen flügge und verlassen das Nest. Allerdings halten sie sich in der Folgezeit noch in dessen Nähe auf, um sich von den Altvögeln auch weiterhin gelegentlich mit Nahrung versorgen zu lassen.

Das Gefieder von Männchen (links) und Weibchen (rechts) unterscheidet sich stark.

Der Kleiber ist leicht zu erkennen, da er kopfüber klettern kann.

Kleiber
(Sitta europaea)

Der auch als Spechtmeise bezeichnete, 14 cm große Kleiber besiedelt neben lichten Wäldern und Parkanlagen auch oft größere Streuobstwiesen sowie Gärten, die einen alten Baumbestand aufweisen. Sein etwas eigenartig anmutender Populärname leitet sich von einem mittelalterlichen Handwerksberuf ab. Die Kleiber bauten damals die Lehmwände in den Wohnhäusern. Dieses Baumaterial spielt auch im Leben des Kleibers eine sehr wichtige Rolle, denn er benutzt es, um den Eingang seiner Bruthöhlen so weit »zuzumauern«, dass er gerade noch selbst hindurchpasst. Auf diese Weise ist die Brutstätte vor Gelegeplünderungen, etwa durch Katzen, Marder und Krähen, weitgehend sicher.

Zwischen April und Mai legen die Kleiberweibchen circa 6 bis 8 Eier, aus denen nach etwa zwei Wochen die Jungen schlüpfen. Diese werden anschließend dreieinhalb Wochen von den Altvögeln gefüttert. Mit großer Vorliebe fressen Kleiber Insektenlarven, die sie häufig zwischen den Ritzen der Borke suchen. Dabei bewegen sich diese Vögel, den Kopf nach unten gerichtet, oftmals in einem erstaunlichen Tempo.

Außer Insektenlarven nehmen die Kleiber auch voll entwickelte Insekten und Spinnen auf. Größere erbeutete Tiere, wie etwa Käfer, werden oft in eine Rindenspalte geklemmt, und anschließend mit kräftigen Schnabelhieben zerhackt. Sobald in der kälteren Jahreszeit nicht mehr genügend tierische Nahrung vorhanden ist, beginnen die Kleiber vermehrt Samen, Beeren und Haselnüsse zu fressen, wobei letztere genau wie größere Beutetiere in Rindenspalten eingeklemmt und mit Schnabelhieben aufgemeißelt werden. Im Winter findet sich der Kleiber sogar manchmal am Futterhäuschen ein.

Waldkauz vor der Bruthöhle

Steinkauz (Athene noctua) *auf Jagdansitz*

Waldkauz
(Strix aluco)

In Mitteleuropa repräsentiert der Waldkauz die am häufigsten vorkommende Eulenart, die neben Wäldern auch häufig Kulturlandschaften, Parkanlagen, Streuobstwiesen und Gärten mit einem großen Altbaumbestand besiedelt.

Sobald ein Waldkauz ein Revier besetzt hat, erweist er sich als klassischer Standortvogel und verlässt dieses nie wieder. Am liebsten brüten diese vorwiegend nachtaktiven Eulen in Baumhöhlen, großen Nistkästen und Felsnischen. Die Weibchen legen zwischen März und April 3 bis 5 Eier, aus denen nach etwa einem Monat die Jungen schlüpfen.

Walzkäuze haben sich als sehr aufopferungsvolle Eltern erwiesen, die jeden, der der Kinderstube zu nahe kommt, als potenziellen Feind energisch attackieren. Dabei machen Sie auch vor Menschen nicht Halt.

Aus diesem Grund sollte man niemals versuchen, in die Höhle eines Waldkauzes, der sich beispielsweise im Obstgarten eingenistet hat, hineinzuschauen. Waldkäuze sind Ansitzjäger, die ihren nahezu lautlosen Jagdflug fast immer von bestimmten Bäumen aus starten. Obwohl ihre ausschließlich aus tierischen Komponenten bestehende Nahrung sehr vielfältig sein kann, besteht der Hauptteil fast immer aus Mäusen.

Unter den Ansitzbäumen findet man des Öfteren sogenannte Gewölle. Dabei handelt es sich um mehr oder weniger walzenförmige Gebilde, die unverdauliche Nahrungsbestandteile, wie etwa Tierhaare, Federn und Chitinpanzer, enthalten und von den Käuzen wieder aus dem Verdauungstrakt herausgewürgt wurden.

Mönchsgrasmücke

(Sylvia atricapilla)

Die Mönchsgrasmücke ist innerhalb der Familie der Grasmücken (Sylviidae) die am häufigsten vorkommende Art. Außer in dichten Waldgebieten siedelt sie sich oft in Flurgehölzen, Parkanlagen und Gärten an, die einen umfangreichen Gehölzbestand aufweisen, der stellenweise mit Efeu überwuchert ist. Seinen Populärnamen erhielt dieser am Rücken dunkelgraue und an Brust sowie Bauch hellgraue Vogel aufgrund des schwarzen Kopfgefieders, das sich bei den Männchen von der Stirn bis zum Nackenansatz erstreckt. Im Unterschied dazu besitzen die weiblichen Mönchsgrasmücken eine braunrote Kopfhaube.

Weibliche Mönchsgrasmücken haben eine weniger auffällige Kopfhaube.

Die Nahrung der Mönchsgrasmücke setzt sich hauptsächlich aus kleineren Insekten und deren Larven zusammen. Außerdem werden im Spätsommer gelegentlich Beeren, beispielsweise vom Holunder, gefressen.

Männliche Mönchsgrasmücke, erkennbar am schwarzen Kopfgefieder

Mönchsgrasmücken ziehen zumeist zwei Bruten pro Jahr auf, wobei sich die Brutzeit von Mai bis Juli erstrecken kann. Das Nest wird fast immer nur einige Zentimeter über dem Boden in dichten Sträuchern gebaut und besteht gewöhnlich aus trockenem Gras, Moos und kleinen Wurzeln. Nach 12 bis 15 Tagen Brutzeit schlüpfen aus dem 5 bis 6 Eier umfassenden Gelege die Nestlinge, die anschließend zwei Wochen lang gefüttert werden. Genau wie viele andere Verwandte aus der Familie der Grasmücken, zu der auch der Teichrohrsänger, *Acrocephalus scripaceus*, gehört, zählt die Mönchsgrasmücke zu den bevorzugten Wirten des Kuckucks. Nach dem Schlupf des Kuckucks widmen die Mönchsgrasmücken diesem ihre besondere Aufmerksamkeit und vernachlässigen dabei ihre eigene Brut. Die Natur hat diesen Brutparasitismus beim Kuckuck deshalb eingerichtet, weil seine Nahrung hauptsächlich aus behaarten Schmetterlingsraupen besteht, die seine nestjungen Nachkommen noch nicht bewältigen können.

Zaunkönig
(Troglodytes troglodytes)

Der tag- und dämmerungsaktive Zaunkönig, der gelegentlich auch als Schneekönig bezeichnet wird, gehört nicht nur zu den kleinsten Vögeln Mitteleuropas, sondern repräsentiert zugleich den einzigen in Eurasien vorkommenden Vertreter aus der Familie der Zaunkönige (Troglodytidae). Als Lebensräume bevorzugt dieser Vogel sowohl unterholzreiche Wälder als auch Gärten mit einem umfangreichen Baum- und Strauchbestand.

Seine Nahrung findet der Zaunkönig zumeist in Bodennähe, wo er Reisig, Falllaub und Baumwurzeln akribisch nach Futtertieren absucht. Dabei zieht er mit seinem sehr spitzen Schnabel Insekten, deren Larven und Eier sowie Spinnen aus den kleinsten Ritzen heraus. Gelegentlich nimmt der Zaunkönig auch ein paar kleinere Früchte, beispielsweise von Holunder- und Heidelbeersträuchern, auf. Zaunkönige würgen, ganz nach Eulenmanier, regelmäßig winzige Gewölle aus, die zum Großteil aus unverdaulichen Nahrungsbestandteilen bestehen, wie etwa Chitinteilen aus den Panzern der Insekten.

Im Frühjahr bauen die Männchen in ihrem Revier mehrere geschlossene, kugelförmige oder ovale Nester, die ein seitliches Einflugloch haben. Sobald eines dieser Nester fertig ist, versucht das Männchen mit seinem Gesang ein Weibchen anzulocken, um sich mit diesem zu paaren. Danach bezieht das Weibchen das Nest und das Männchen baut eines seiner anderen Nester fertig und versucht anschließend, ein weiteres Weibchen anzulocken. Zaunkönige ziehen oft zwei Bruten pro Jahr auf, wobei die einzelnen Gelege zumeist aus 5 bis 8 Eiern bestehen, die das Weibchen innerhalb von 14 bis 18 Tagen ausbrütet. Beim Schlüpfen aus den Eiern sind die Nestlinge noch blind und können erst ab dem vierten Lebenstag sehen. Nach weiteren 10 bis 13 Tagen sind sie flügge und verlassen das Nest.

Der Zaunkönig gehört zu den kleinsten Vögeln Mitteleuropas.

Blindschleiche
(Anguis fragilis)

Obwohl die Blindschleiche ein sehr schlangenähnliches Aussehen hat, handelt es sich um eine Echsenart aus der Familie der Schleichen (Anguidae). Ihr Populärname ist möglicherweise auf den althochdeutschen Begriff *plint* zurückzuführen, der nicht etwa sehunfähig, sondern »glänzend« bedeutete. Frei übersetzt sah man zu jener Zeit die Blindschleiche also als eine »Schlange mit glänzendem Körper« an.

Blindschleichen führen zumeist ein recht verstecktes Dasein und werden deshalb vielerorts gar nicht bemerkt. Lediglich in den zeitigen Morgen- und Abendstunden legen sich sie sich gern auf flache Steine oder Holzstücke, um ausgiebige Sonnenbäder zu nehmen.

Die Paarung findet fast immer zwischen April und Mai statt. Drei Monate später bringen die Weibchen 5 bis 20 lebende, 7 bis 9 cm lange Junge zur Welt. Diese zeigen am Bauch und an den unteren Flankenbereichen eine braunschwarze Färbung, während ihr Rücken deutlich heller ist und nur in der Mitte von einem dünnen, dunklen Strich durchzogen wird.

Sowohl die Jungtiere als auch die erwachsenen Exemplare stellen eifrig Nacktschnecken nach. Dabei erweisen sie sich vor aufziehenden Gewittern oder einem sommerlichen Starkregen als besonders agil, weil dann auch große Mengen an Nacktschnecken aus ihren Verstecken kriechen. Komplettiert wird das Nahrungsspektrum der Blindschleichen durch sich langsam fortbewegende Insekten, Spinnen und Regenwürmer.

Ende Oktober/Anfang November ziehen sich die Blindschleichen in ihre selbst gegrabenen oder von anderen Tieren übernommenen Erdhöhlen zurück und verbringen den Winter in einem schlafähnlichen Starrezustand, aus dem sie erst wieder im März oder April des Folgejahres erwachen.

Blindschleichen sind Echsen, keine Schlangen.

Zauneidechsen erbeuten kleine Insekten bis hin zu Heuschrecken.

Zauneidechse
(Lacerta agilis)

Zauneidechsen können 22 bis 28 cm lang werden, wobei die Weibchen geringfügig größer sind als die Männchen. Letztere sind leicht anhand ihrer grün gefärbten Flanken zu erkennen. Zur Paarungszeit, die sich von Ende April bis Anfang Mai erstreckt, intensiviert sich die Färbung der Männchen, sodass dann der größte Teil des Körpers grün ist.

Von dieser fast grasgrünen Färbung heben sich das bräunliche Längsband auf dem Rücken sowie die schwärzlichen Flecken an den Flanken sehr deutlich ab.

Die Eiablage erfolgt vorzugsweise in sandhaltigen Bodensubstraten, die täglich mehrere Stunden der Sonne ausgesetzt sind.

Zu diesem Zweck gräbt das Weibchen ein kleines Loch, in das es 5 bis 15 weichschalige Eier legt, aus denen nach 7 bis 8 Wochen die Jungen schlüpfen. Das Beutespektrum der Zauneidechsen umfasst hauptsächlich Insekten von Ameisen- bis zu Heuschreckengröße, Insektenlarven, Asseln und Spinnen.

Anfang Oktober suchen die Zauneidechsen Erdlöcher oder frostgeschützte Spalten auf, um dort in einem Starrezustand die kalte Jahreszeit zu verbringen. Aus dieser Starre erwachen sie erst zwischen Ende März und Anfang April des Folgejahres. Sie kommen dann relativ gemächlich aus ihren Verstecken hervor, um sich in der noch schwachen Frühlingssonne erstmalig wieder aufzuwärmen. In Gärten und in der Nähe menschlicher Siedlungen stellen streunende Hauskatzen oftmals eine Bedrohung für die Zauneidechsen dar, indem sie diese totspielen oder -beißen.

Mauereidechsen sind tagaktive, flinke Kletterer.

Mauereidechse
(Podarcis muraliser)

In Deutschland konzentrieren sich die Verbreitungsschwerpunkte der Mauereidechse auf die südlich des Mains gelegenen Regionen, entlang der Mosel und des Rheingrabens.

Die bis zu 22 cm langen Männchen haben eine braungraue, rötlichgraue oder fast grünlich gefärbte Oberseite, auf der sich deutlich schwarze Flecken abheben, die mitunter sogar ein Netzmuster bilden. Im Unterschied dazu ist die Körperfärbung der geringfügig kleineren Weibchen etwas schwächer ausgeprägt und an ihren Flanken befindet sich ein dunkler Querstreifen, den ein heller Saum begrenzt.

Mauereidechsen können sehr schnell laufen und ausgezeichnet klettern. Sie fühlen sich auf trockenen, sonnigen Flächen am wohlsten, die zahlreiche Versteckmöglichkeiten in Form von Spalten, Hohlräumen und Steinüberhängen aufweisen. Die Nahrung dieser Echsen besteht vor allem aus Insekten, Spinnen, Würmern und Asseln.

Unter klimatisch günstigen Bedingungen deponieren die Weibchen zwei- bis dreimal pro Jahr zwischen Steinen oder in selbst gegrabenen Erdlöchern ein Gelege, das 2 bis 10 Eier umfassen kann. Daraus schlüpfen nach etwa 35 bis 40 Tagen die 5 bis 6 cm langen Jungtiere, deren Nahrungsspektrum annähernd denen der Alttiere entspricht.

In Mitteleuropa ziehen sich die Mauereidechsen zwischen Ende Oktober und Anfang November in ihre im Erdboden oder zwischen großen Steinansammlungen befindlichen Winterquartiere zurück, in denen sie bis Mitte/Ende März bleiben. In sehr milden Wintern kann es allerdings bei längeren Schönwetterperioden geschehen, dass die Tiere ihre Winterquartiere verlassen, um sich auf flachen Steinen oder an Mauern zu sonnen.

Waldeidechse
(Zootoca vivipara)

Waldeidechsen werden gelegentlich auch als Berg- oder Mooreidechsen bezeichnet und können eine Gesamtlänge von 18 cm erreichen.

Es handelt sich um ein schlankes, relativ kurzbeiniges Reptil mit brauner, grauer, in seltenen Fällen auch schwärzlicher Grundfärbung und einem ausgeprägten weißen oder himmelblauen Kehlbereich. Auf dem Körper dieser Tiere befinden sich zahlreiche helle Flecken und auf dem Rücken tritt oft ein dunkler Aalstrich deutlich hervor.

Zur Paarungszeit, die sich von April bis Juni erstreckt, nehmen die Männchen eine leicht orangefarbene oder rötliche Färbung an und ihr Körper ist dann mit vielen schwarzen Flecken übersät. Drei Monate nach der Kopulation bringen die Weibchen 3 bis 10 schwarze bis bronzefarbene Junge zur Welt, die bei der Geburt noch von einer weichen Eihaut umhüllt sind, aus der sich die jungen Eidechsen jedoch relativ schnell befreien. Wissenschaftlich wird diese Form der Geburt als Ovoviviparie bezeichnet.

Im Unterschied zu anderen Eidechsenarten haben Waldeidechsen eine Vorliebe für etwas feuchtere Lebensräume und fliehen bei Gefahr sogar ins Wasser, das sie anschließend durchschwimmen.

Das Nahrungsspektrum der Waldeidechsen besteht ausschließlich aus lebenden tierischen Bestandteilen, zu denen vor allem Zikaden, Blattläuse, Hundertfüßler, Ameisen, Fliegen und Spinnen gehören. Dabei verschlucken sie die kleineren Beutetiere im Ganzen, während größere zerkaut und anschließend deren Chitinpanzer ausgespuckt wird.

Waldeidechse

Ringelnatter
(Natrix natrix)

Bei der in Deutschland unter Schutz stehenden Ringelnatter handelt es sich um eine in Eurasien und Nordafrika beheimatete, nicht giftige Schlange aus der Familie der Nattern (Colubridae) die bis zu 120 cm lang werden kann.

Ihre Körperfärbung variiert von schiefergrau bis olivbraun. Unmittelbar hinter dem Kopf befindet sich auf jeder Seite ein sehr markanter orangegelber, gelber oder in seltenen Fällen auch weißlicher halbmondförmiger Fleck. Anhand dieses Flecks kann man die Ringelnatter gut von der giftigen Kreuzotter, *Vipera berus*, unterscheiden.

Die vorwiegend tagaktive Ringelnatter lebt oft in der Nähe von Gewässern, beispielsweise eines Gartenteiches, in dem sie auch häufig nach Nahrung sucht. Dabei hat sie sich als geschickte Schwimmerin und Taucherin erwiesen.

Ringelnattern paaren sich zwischen April und Mai. Zwischen Juli und August legt dann jedes Weibchen 10 bis 40 weißliche Eier. Letztere werden oft in einem Komposter deponiert, weil dieser durch die verrottenden Substanzen viel Wärme produziert, welche sich positiv auf die Entwicklung der Eier auswirkt.

Die Nahrung der Ringelnattern besteht nicht selten zu einem erheblichen Anteil aus Lurchen, Kaulquappen und kleinen Fischen. Außerdem werden auch Eidechsen und Mäuse gejagt und gelegentlich die Nester von am Boden brütenden Vögeln geplündert.

Die heranwachsenden Exemplare ernähren sich dagegen auch von Insektenlarven, Schnecken und anderem Kleingetier.

Zwischen Ende September und Mitte Oktober suchen sich die Ringelnattern ein Winterquartier, das sich beispielsweise in einem Komposter, einem Laubhaufen oder unter einem Baumstumpf befinden kann, und verfallen kurz darauf in einen tiefschlafähnlichen, als Winterstarre bezeichneten Zustand, aus dem sie erst Ende März/Anfang April erwachen.

Ringelnatter, gut erkennbar am halbmondförmigen Fleck

Erdkröte
(Bufo bufo)

Bei den Erdkröten bleiben die Männchen mit einer Länge von höchstens 9 cm deutlich kleiner als die Weibchen, die Größen von 12 bis 15 cm erreichen können. Oberseitig zeigen diese Lurche eine grau- bis rotbraune Färbung, wobei einzelne Männchen auch fast dunkel ockergelb oder schwarzbraun sind, während bei den Weibchen oftmals ein höherer Rotanteil vorhanden ist. Dagegen ist die von einer schwarzen Sprenkelung überzogene Unterseite bei beiden Geschlechtern stets gelb- oder grauweiß.

Erdkröten führen eine vorwiegend dämmerungs- und nachtaktive Lebensweise. Lediglich bei lang anhaltenden Regenfällen sowie während der Paarungszeit werden sie auch am Tag aktiv. Bei der Wahl ihres Lebensraums sind die Erdkröten recht flexibel, weshalb man sie in Gärten genauso antrifft, wie auf Wiesen, Weiden, Friedhöfen, Weinbergen, Wäldern und renaturierten Steinbrüchen.

Erdkröten ernähren sich ausschließlich von lebender tierischer Nahrung, die vor allem aus Nacktschnecken, Würmern, Insekten, Spinnen und Asseln besteht. In der Dämmerung sieht man diese Lurche oftmals in Erdbeer- oder anderen Beeten herumhüpfen, wo sie vor allem Schnecken suchen, die häufig die Fraßstellen an Früchten und Gemüse verursachen. Sobald es Herbst wird, ziehen sich diese Lurche in ihre mehr oder weniger höhlenartigen Winterquartiere zurück, in denen sie die kalte Jahreszeit in einem Zustand verbringen, der als Kältestarre bezeichnet wird. Mit Einsetzen des Frühlings erwachen sie aus dieser Kältestarre, begeben sich zur Erdoberfläche und wandern paarungswillig zu einem Laichgewässer.

Erdkröten sind weit verbreitet.

Erdkröten bei der Paarung

Die Kreuzkröte gehört zu den gefährdeten und deshalb streng geschützten Arten.

Kreuzkröte
(Bufo calamita)

Zu den typischen Merkmalen der 7 bis 8 cm langen Kreuzkröte gehören ein heller, stets warzenloser Längsstreifen, der von der Nasen- bis zur Analregion verläuft, sowie die relativ kurzen Hinterextremitäten, die diesem Lurch ein etwas pummeliges Aussehen verleihen. Der Rücken ist oliv- bis graubraun gefärbt und von zahlreichen rötlichen Warzen überzogen. Im Unterschied zu vielen anderen Kröten kann diese Art keine Sprünge ausführen, sondern sich nur gehend fortbewegen, wobei sie aber häufig eine beachtliche Geschwindigkeit entwickelt. Um sich besser vor Fressfeinden zu schützen, sondern Kreuzkröten ein auch für menschliche Nasen unangenehm riechendes Sekret ab. Außerdem neigen diese Tiere bei drohender Gefahr schnell dazu, sich tot zu stellen. Deshalb hat vielleicht schon mancher Gartenfreund eine Kreuzkröte, die reglos in den Beeten lag, mit einer einzigen Berührung auf scheinbar wundersame Weise wieder zum Leben erweckt.

Das Nahrungsspektrum erwachsener Tiere besteht hauptsächlich aus Nacktschnecken, Würmern, Spinnen und Asseln. Dagegen werden Insekten seltener erbeutet.

Eine besondere Erwähnung verdient das enorme Geschick der Kreuzkröte beim Klettern und Graben. So ist sie beispielsweise auf lockerem Sandboden in der Lage, sich binnen weniger Sekunden vollständig einzugraben. Zur absoluten Höchstform laufen diese kleinen Lurche aber erst im Frühherbst auf, wenn sie sich Höhlen graben, in denen sie den Winter in einer Kältestarre verbringen. Diese Höhlen befinden oftmals bis zu 3 m unter der Erdoberfläche.

Wechselkröte, deutlich zu sehen die grünen »Inselflecken«

Wechselkröte
(Bufo viridis)

Gelegentlich wird die Wechselkröte auch als Grüne Kröte bezeichnet. Im Unterschied zu den meisten anderen Kröten ist sie oftmals nicht nur während der Dämmerung sowie in den Nachtsunden, sondern auch am Tag aktiv.

Die Weibchen können eine Länge von 9 bis 10 cm erreichen, während die Männchen rund 1 cm kleiner sind. Auf der Oberseite zeigt der verhältnismäßig schlanke Körper eine hellgraue bis hellolivgrüne Färbung, die von vielen großflächigen, dunkelgrünen Flecken überzogen wird. Die ebenfalls auf dem Rücken sowie an den Flanken befindlichen Warzen sind ziemlich klein und haben eine rötliche Färbung. Im Unterschied zu der »bunten« Rückenpartie ist die Bauchseite der Wechselkröte einheitlich schmutzig-weiß bis weißlichgelb gefärbt. Die Bezeichnung »Wechselkröte« basiert darauf, dass diese Lurche die Helligkeit ihrer Grundfärbung verhältnismäßig gut an die der jeweiligen Umgebung anpassen können.

Die Nahrung der Wechselkröten besteht aus tierischen Komponenten, wobei neben Insekten von Ameisenbis Laufkäfergröße hauptsächlich Spinnen, Nacktschnecken, Asseln und Würmer erbeutet werden.

In Mitteleuropa suchen die Wechselkröten Ende September/Anfang Oktober ein frostsicheres, höhlenartiges Versteck, das sich beispielsweise unter Steinen, Holzhaufen oder in verlassenen Tierbauen befinden kann, um darin die Wintermonate in einer schlafähnlichen Kältestarre zu verbringen. Aus dieser Starre erwachen sie erst wieder zwischen Ende März und Anfang April.

Knoblauchkröte
(Pelobates fuscus)

Bei der Knoblauchkröte handelt es sich um eine Art aus der Überfamilie der Krötenfrösche (Pelobatoidea). Der Unterschied zwischen den Angehörigen dieser Überfamilie und den Echten Kröten besteht in der Lage der Pupillen. Während diese bei letzteren stets quer sitzen, sind sie bei den Krötenfröschen senkrecht in den Augenhöhlen eingebettet.

Der Name der 6,5 bis 8 cm langen Knoblauchkröte leitet sich von einem in den Rückendrüsen produzierten Sekret ab, das stark nach Knoblauch riecht und vor allem abgegeben wird, wenn sich diese Lurche bedroht fühlen.

Knoblauchkröten wählen relativ häufig einen Garten als Lebensraum aus, aber aufgrund ihrer weitestgehend nachtaktiven Lebensweise bekommt man sie nur verhältnismäßig selten zu Gesicht. Auf ihren nächtlichen Streifzügen erbeuten die Knoblauchkröten vor allem Käfer, Nacktschnecken und Würmer.

Die Paarung findet zwischen April und Mai statt. Dabei wird der in gallertartigen Schnüren enthaltene Laich ins Wasser abgegeben und anschließend sich selbst überlassen.

Aus den bis zu 4000 schwarzbraunen Eiern, die jedes Weibchen abgeben kann, schlüpfen oft schon nach 4 bis 5 Tagen die Kaulquappen. Obwohl die Mehrzahl von ihnen zügig wächst und bis zum Herbst die Metamorphose abschließt, wird auch immer wieder beobachtet, dass einzelne Exemplare den Winter im Kaulquappenstadium überdauern und ihre Entwicklung erst im Folgejahr beenden. Dieses Phänomen ist unter den Froschlurchen Mitteleuropas einmalig.

Zur Überwinterung graben sich Knoblauchkröten bis zu einem Meter tief in den Boden ein. Dabei nutzen sie oftmals bereits vorhandene Erdhohlräume, beispielsweise Mauselöcher und Maulwurfsgänge, die aber noch weiter um- beziehungsweise ausgebaut werden.

Die Knoblauchkröte ist weniger bekannt.

Der Kleine Fuchs erreicht eine Flügelspannweite von 4 bis 5 cm.

Kleiner Fuchs
(Aglais urticae)

Der Kleine Fuchs gehört zu den am häufigsten vorkommenden Edelfaltern Europas. Er besitzt braun-orangefarbene Flügel, an deren Außenrändern sich in einer Reihe angeordnete, halbmondförmige blaue Flecken befinden, die von einem schwarzen Rand umgeben sind.

In Abhängigkeit von dem im jeweiligen Gebiet vorherrschenden Klima kann sich die Flugzeit dieses Schmetterlings von Ende März bis Ende September erstrecken, wobei alljährlich fast immer zwei Generationen auftreten. Die Eiablage erfolgt ausschließlich an Brennnesseln, die später den schwärzlichen Raupen, die an den Seiten einen doppelten gelben Streifen besitzen, als Nahrung dienen. Oftmals werden diese Raupen mit denen des Admirals, *Vanessa atalanta*, verwechselt, deren Wirtspflanze ebenfalls die Brennnessel ist. Allerdings kann die Grundfärbung der Admiralraupen von schwärzlich über grün bis gelbbraun variieren, wobei sie an jeder Seite aber immer nur einen gelben Streifen besitzen. Außerdem halten diese Tiere immer einen relativ großen Individualabstand zueinander ein, während die Raupen des Kleinen Fuchses sehr gesellig zusammenleben. Zur Überwinterung zieht sich der Kleine Fuchs in Holzstapel, Mauerspalten und Heuschober oder Dächer zurück.

Eine Art, die dem Kleinen Fuchs im Aussehen sehr ähnelt, aber ihm verwandtschaftlich nicht sehr nah steht, ist der Große Fuchs, *Nymphalis polychloros*.

Der Große Fuchs ist weniger intensiv gefärbt.

Auch der Admiral gehört zu den Edelfaltern.

Einflugbereich in einem Bienenhaus

Bienen

(Apis)

Die bekannteste Vertreterin unter den Bienen ist zweifelsfrei die Honigbiene, von denen die Westliche oder Europäische Honigbiene, *Apis mellifera*, häufig als Nutztier gehalten wird. Neben letzterer umfasst die Gattung *Apis* noch acht weitere Arten, deren natürliches Verbreitungsgebiet sich allerdings ausschließlich auf Asien konzentriert.

Honigbienen gehören zu den sogenannten Staaten bildenden Insekten, die mit bis zu 60 000 Artgenossen in einer Gemeinschaft leben, die eine ganz klar gegliederte Sozialstruktur aufweist. Bei der Königin, von der immer nur ein Exemplar dauerhaft im Staat lebt, handelt es sich um eine deutlich größere Biene mit ausgeprägtem Hinterleib. Ihre Hauptaufgabe besteht im Legen von Eiern, die anschließend von den übrigen, deutlich kleineren Weibchen betreut werden. Diese als Arbeiterinnen bezeichneten Bienen besitzen zwar noch funktionstaugliche Eierstöcke, beteiligen sich aber nicht an der direkten Reproduktion des Bienenvolkes. Stattdessen durchlaufen sie während ihres Lebens verschiedene Funktionen im Bienenstock. Dabei widmen sie sich zunächst der Reinigung des Bienenstocks, den heranwachsenden Larven und dem Wabenbau. In einem späteren Lebensabschnitt dürfen sie schließlich zum Sammeln von Nektar fliegen, der anschließend durch die Bienen zu Honig veredelt wird.

Der dritte Bienentyp sind die dicklich aussehenden Männchen, die man als Drohnen bezeichnet und von denen jedes Bienenvolk 500 bis 2000 Exemplare besitzt. Die einzige Funktion der Drohnen besteht darin, die Königin bei ihrem Hochzeitsflug zu begatten.

Neben den Honigbienen gibt es in Mitteleuropa mehr als 600 Wildbienenarten, die sich in drei große Gruppen einteilen lassen. Die Individuen der ersten Gruppe leben entweder wie die Honigbienen in hierarchisch strukturierten Sozialverbänden, während die der zweiten Gruppe als sogenannte Solitärinsekten herumfliegen. Die Weibchen dieser Arten bauen unmittelbar nach der Paarung eine Brutzelle, die sie mit Nektar sowie Blütenpollen füllen. Anschließend legen sie ein Ei darin ab und verschließen die Zelle mit Lehm, um gleich darauf die nächste zu bauen. Anders als bei den Honigbienen erhalten die aus den Eiern geschlüpften Larven keine weitere Spezialbetreuung, zum Beispiel in Form einer Fütterung.

Bei den Kuckucksbienen handelt es sich um die dritte Gruppe unter den Wildbienen. Diese Insekten bauen keine eigenen Nester, sondern versuchen, Solitärbienen ihre Eier unterzuschieben, wenn diese sich nicht in ihren Brutzellen aufhalten, sondern auf Nahrungssuche sind.

Im Kreislauf der Natur erfüllen die Bienen eine sehr wichtige Funktion, weil sie während des Nektarsammelns die Blüten unzähliger Pflanzen bestäuben. Diese Bestäubung stellt wiederum eine notwendige Voraussetzung für den späteren Fruchtansatz der Pflanzen dar.

Honigbienen beim Sammeln von Nektar und Pollen

In Mitteleuropa leben mehr als 600 Wildbienenarten.

Hummeln
(Bombus)

Bei den Hummeln handelt es sich um eine zu den Bienen gehörende Gattung, die mit etwa 70 Arten in Europa vertreten ist. Nicht wenige Arten bilden – ähnlich wie die Honigbienen – Völker, die allerdings nur 50 bis 700 Individuen umfassen. Solche Völker errichten ihre Nester im Erdreich, in verlassenen Vogelnestern oder hohlen Baumstämmen.

Ackerhummeln sind am Kopf und auf dem Brustrücken braunrot gefärbt.

Jedes Hummelvolk besteht aus einer Königin, Jungköniginnen, Arbeiterinnen und einigen Drohnen. Im Unterschied zu den Honigbienen leben die Hummelvölker nur ein Jahr, wobei die Lebenserwartungen der einzelnen Mitglieder sehr variieren.

Neben diesen sich selbst versorgenden Hummeln existiert noch eine weitere Gruppe, die eine parasitäre Lebensweise führt und deren Individuen als Kuckucks- oder Schmarotzerhummeln bezeichnet werden. Sie dringen unerkannt in die Nester anderer Hummeln ein, um ihren eigenen Nachwuchs von deren Bewohnern pflegen und großziehen zu lassen. Bevor die Kuckuckshummeln Eier legen, sind sie allerdings bestrebt, einen Großteil des Geleges ihrer Wirtshummel aufzufressen. Dadurch erreichen die Kuckuckshummeln, dass ihr eigener Nachwuchs durch das fremde Hummelvolk besonders aufopferungsvoll gepflegt wird.

Die Helle Erdhummel ist an den beiden weißen oder gelben Strefen gut zu erkennen.

Zusammen mit den Bienen gehören die Hummeln zu den wichtigsten Blütenbestäubern. Dabei kommt ihnen eine außerordentlich große Bedeutung beim Bestäuben von sehr zeitig blühenden Pflanzen zu. Im Unterschied zu den Bienen, die erst bei Temperaturen von 10 °C ausfliegen, sind die Hummelköniginnen an sonnigen Tagen nämlich schon ab 2 °C und die Hummelarbeiterinnen ab 6 °C unterwegs. In Bezug auf ihren Fleiß stehen die Hummeln den Bienen in nichts nach, denn sie sind täglich etwa 18 Stunden auf Nahrungssuche, bei der die meisten Exemplare mehr als tausend Blüten anfliegen.

Der Gekörnte Laufkäfer frisst auch Kartoffelkäfer.

Der Lederlaufkäfer kann 3 bis 4 cm lang werden.

Laufkäfer
(Carabidae)

Die Laufkäfer verkörpern eine artenreiche Familie, die mit 800 Arten in Mitteleuropa heimisch ist. Je nach Art erreichen diese Insekten eine Körperlänge von 2 bis 4 cm und besitzen oft glänzende Deckflügel sowie kräftig entwickelte Beinpaare.

Während der hellen Tagstunden halten sich die meisten Laufkäfer unter Steinen, Holzbrettern, der Borke morscher Bäume, in Moospolstern sowie Laubanhäufungen auf. Sobald es jedoch zu dämmern beginnt, verlassen die Laufkäfer ihre Schlupfwinkel und begeben sich auf Nahrungssuche.

Abgesehen von einigen Arten, die sich gänzlich oder zumindest hauptsächlich von pflanzlichen Komponenten ernähren, führt der überwiegende Teil der Laufkäfer, inklusive ihrer Larven, eine räuberische Lebensweise. Zur Hauptbeute zählen neben Insekten von Ameisen- bis Schmetterlingsgröße auch kleine Spinnen, Würmer, Insektenlarven und Schnecken. Dabei ist bemerkenswert, dass viele Laufkäfer täglich das Dreifache ihres Körpergewichtes an Nahrung aufnehmen.

Die Eiablage erfolgt entweder im Frühjahr oder im Herbst. Aus den Eiern schlüpfen nach einer unterschiedlich langen Entwicklungsdauer die Larven, die sich in der Folgezeit zumeist am Boden aufhalten. Sie besitzen ebenfalls schon kräftige Beinpaare, mit denen sie sich fast so schnell fortbewegen können wie ihre voll entwickelten Eltern.

Florfliegen
(Chrysopidae)

Die meisten Florfliegen-Arten, die auch als Goldaugen bezeichnet werden, führen eine dämmerungs- und nachtaktive Lebensweise. Zu dieser Zeit legen die Weibchen auch ihre Eier ab, die oft auf Blättern platziert werden, auf denen sich bereits umfangreiche Blattlauskolonien angesiedelt haben. Somit finden die nach wenigen Tagen schlüpfenden Larven, deren etwas abgeflachter Körper fast spitzoval wirkt, sofort reichlich Nahrung. Nicht selten stellen die Blattläuse die einzige Nahrung für die Florfliegenlarven dar. Das ist auch der Grund, weshalb sie volkstümlich als Blattlauslöwen bezeichnet werden. In Abhängigkeit von den herrschenden Umweltbedingungen sowie der jeweiligen Florfliegenart kann sich die Zahl der pro Tag gefressenen Blattläuse zwischen 25 und 150 bewegen. Kommt es allerdings zu einem plötzlichen Nahrungsmangel, schrecken die Florfliegenlarven auch nicht davor zurück, größere Beute anzugreifen, wie etwa die Larven des Marienkäfers oder sogar kleinere Artgenossen.

Nach 8 bis 20 Tagen intensiven Fressens beendet der Florfliegennachwuchs seine Larvenzeit und bildet zur Verpuppung Kokons, in denen die meisten Arten die kalte Jahreszeit überdauern.

Im Unterschied zu den Larven ernährt sich der überwiegende Teil der voll entwickelten Florfliegen nicht von tierischen Komponenten, sondern vorwiegend von Blütenpollen, Nektar und Honigtau. Eine Ausnahme bilden nur die Vertreter der Gattung *Chrysopa*, die sich auch als Vollinsekten von tierischen Komponenten ernähren, zu denen neben Blattläusen auch Milben und kleine Insektenarten gehören.

Florfliege auf einer Blüte

Marienkäfer
(Coccinellidae)

Bei den Marienkäfern handelt es sich um eine Familie kleiner, flugfähiger Käfer, die mit Ausnahme der Antarktis nahezu weltweit verbreitet sind.

Charakteristisch für die fast halbkugelartig wirkenden Marienkäfer sind ihre kräftig gefärbten Flügeldecken, auf denen sich je nach Art unterschiedlich viele Punkte befinden. Zu den bekanntesten Arten gehört zweifelsfrei der Siebenpunkt-Marienkäfer, *Coccinella septempunctata*, der landläufig als der Prototyp des Marienkäfers angesehen wird. Wie es bereits der Populärname dieses Käfers erahnen lässt, befinden sich auf seinen leuchtend roten Flügeldecken sieben lackschwarze Punkte.

Marienkäferlarve

Sieht man einmal von wenigen Ausnahmen, wie etwa dem Vierundzwanzigpunkt-Marienkäfer, *Subcoccinella vigintiquatuorpunctata*, ab, der unter anderem verschiedene Kulturpflanzen befällt und an diesen seine Fraßspuren hinterlässt, handelt es sich bei den restlichen Vertretern um sehr nützliche Arten. Zur bevorzugten Nahrung dieser Arten gehören vor allem Blatt- und Schildläuse sowie Spinnmilben, die sowohl von den erwachsenen Käfern als auch von deren Larven gefressen werden. In diesem Zusammenhang verdient der enorme Appetit zahlreicher Arten eine besondere Erwähnung, da sie während ihres Larvalstadiums bis zu 3000 Blattläuse beziehungsweise andere Kleinsttiere vertilgen. Falls allerdings die Nahrung in einem Biotop knapp wird, tritt sowohl bei den erwachsenen Marienkäfern als auch bei ihren Larven Kannibalismus auf.

Neben den Marienkäfern, die sich auf das Fressen tierischer Schädlinge spezialisiert haben, existieren auch einige Arten, die sich teilweise oder vollständig von Mehltaupilzen ernähren, bei denen es sich bekanntlich um unliebsame pflanzliche Parasiten handelt.

Ende April bis Anfang Mai legt jedes Weibchen bis zu 400 Eier an Pflanzen ab, auf denen sich bereits geeignete Nahrungskomponenten

Der Siebenpunkt-Marienkäfer ernährt sich bevorzugt von Blatt- und Schildläusen.

befinden. In Abhängigkeit von der Umgebungstemperatur schlüpfen aus den Eiern nach rund einer Woche die Larven, die sich in den folgenden 30 bis 60 Tagen bis zu viermal häuten und anschließend zu Vollinsekten entwickeln.

Vor einigen Jahren wurde in Mitteleuropa der Asiatische Marienkäfer, *Harmonia axyridis*, eingeschleppt, der ursprünglich nur in Japan und China vorkam. Diese Insekten erreichen eine Länge von 6 bis 8 mm und die Farbe ihrer Deckflügel variiert von Hellgelb bis Dunkelrot. Die schwarzen Punkte können entweder fehlen oder auch gut ausgeprägt sein.

Die Larve des Asiatischen Marienkäfers vertilgt pro Tag etwa 270 Blattläuse. Eigentlich müsste man sich über diesen Käfer freuen, aber aus seiner Anwesenheit ergibt sich auch ein großes Problem. Er hat nämlich so gut wie keine natürlichen Feinde und kann sich so in einem rasanten Tempo vermehren. Falls der Asiatische Marienkäfer dabei nicht immer genügend Blattläuse findet, beginnt er, die europäischen Marienkäfer und deren Larven zu fressen, von denen deshalb schon einige erheblich um den Fortbestand ihrer Art bangen müssen.

Der Asiatische Marienkäfer stammt aus China und Japan.

Weinbergschnecke
(Helix pomatia)

Die bis 10 cm lang werdenden Weinbergschnecken besiedeln mit Vorliebe Gebiete, in denen kalkreiche Böden vorhanden sind. Aufgrund der Tatsache, dass diese Weichtiere nur selten in größeren Populationen auftreten und fast jedes Einzelindividuum beim Fressen bestimmte Pflanzen bevorzugt, sind die verursachten Fraßschäden kaum erwähnenswert. Eine ganz besondere Vorliebe haben die Weinbergschnecken für die Gelege der Spanischen Wegschnecke, *Arion lusitanicus*, die sie fast immer komplett vertilgen.

Die Paarung erfolgt bei den Weinbergschnecken zwischen Mai und Juli. Dabei begatten sich diese zwittrig veranlagten Tiere gegenseitig, um vier bis sechs Wochen später etwa fünfzig Eier in eine kleine, selbst gegrabene Höhle zu legen, die anschließend mit Erdreich verschlossen wird. Bis zum Schlupf der Jungschnecken, die nur 0,1 g wiegen, vergehen etwa 25 Tage.

Nach dem Schlüpfen verbleiben die Jungschnecken noch etwa eine Woche in der Erdhöhle und ernähren sich während dieser Zeit von den kalkreichen Eierschalen. Danach graben sie sich nach oben.

Bis zum Herbst fressen sich die Weinbergschnecken einen Energievorrat an und verkriechen sich anschließend ins Erdreich, wo sie bis zum Frühjahr in einen Ruhezustand verfallen, der als Kältestarre bezeichnet wird. Manchmal findet man auch im Sommer Weinbergschnecken, die sich in ihre Gehäuse zurückgezogen und diese mit Kalkdeckeln verschlossen haben. Derartige Individuen befinden sich im sogenannten Trockenschlaf, der gewöhnlich in Folge einer zu hohen Trockenheit und des damit im Zusammenhang stehenden Wassermangels auftritt. Sobald es zu regnen beginnt, erwachen die Schnecken wieder.

Weinbergschnecken bei der Paarung

Schlupfwespen
(Ichneumonidae)

Die Larven einiger Schlupfwespen-Arten können zur Schädlingsbekämpfung eingesetzt werden.

Bei den Schlupfwespen handelt es sich um die größte Familie der Hautflügler (Hymenoptera), die allein in Deutschland mit schätzungsweise 8000 bis 10 000 Arten vertreten ist. Die Gestalt dieser Insekten erinnert allerdings weniger an das, was man sich landläufig unter eine Wespe vorstellt, sondern eher an eine Mücke oder Schnake.

Die voll entwickelten Schlupfwespen ernähren sich zumeist von flüssigen Komponenten, wie Honigtau, Nektar und Pflanzensäften, die sie mit ihrem relativ kurzen Rüssel aufsaugen. Im Unterschied dazu führt ihr Nachwuchs eine parasitäre Lebensweise, wobei die einzelnen Schlupfwespenarten fast immer nur auf ein oder sehr wenige Wirtstiere spezialisiert sind, zu denen vor allem Schmetterlinge, Blattläuse, Weiße Fliegen sowie Pflanzen fressende Käfer und Wespen gehören.

Unmittelbar nach der Begattung suchen die Schlupfwespenweibchen Wirtstiere, um auf deren Köperoberfläche beziehungsweise in deren Eingeweiden ihre Eier abzulegen. Aus diesen schlüpfen oft schon am nächsten Tag die Larven, die sofort beginnen, ihren Wirt aufzufressen. Je nachdem, ob der Wirt dabei von innen nach außen oder in umgekehrter Richtung aufgefressen wird, spricht man von Endo- beziehungsweise Ektoparasiten. Nachdem die endoparasitisch lebenden Larven ihren Wirt bis auf dessen dünne, äußere Hülle ausgehöhlt haben, nutzen sie diese gleich noch für ihre Verpuppung. Im Unterschied dazu, bilden die meisten ektoparasitisch lebenden Larven zum Verpuppen einen Kokon. Für den praktischen Pflanzensschutz ist die Tatsache interessant, dass viele der ektoparasitischen Larven nicht nur ein Wirtstier vertilgen, sondern oft mehrere. So gibt es Schlupfwespen-Arten, die während ihres Larvenstadiums 200 Blattläuse fressen.

Bei den Schlupfwespen überwintern nur die Weibchen sowie die Larven beziehungsweise Puppen.

Als Winterquartier wählen sich die Vollinsekten beispielsweise Ritzen in der Baumborke, Laubansammlungen und Moospolster, während die Larven und Puppen in ihren Wirtstieren verbleiben und dort überwintern.

Die Larven des Tagpfauenauges ernähren sich von Brennnesseln.

Tagpfauenauge
(Inachis io)

Das Tagpfauenauge gehört zu den Edelfaltern und kommt in Mitteleuropa überall relativ häufig vor. Das markanteste Merkmal sind vier großen Augenflecken, von denen sich auch der Populärname dieses Schmetterlings ableitet. Diese Augenflecken verteilen sich gleichmäßig über alle vier Flügel, die immer rotbraun gefärbt sind. Im Unterschied zu den Männchen, die eine Vorderflügellänge von maximal 3 cm erreichen, werden die Weibchen geringfügig größer. Bei mildem Wetter kommen die ersten Tagpfauenaugen bereits zwischen Ende März und Anfang April aus ihren Winterquartieren, die sich oft in Spalten von Holzstapeln sowie unter Hausdächern befinden.

In einigen Gebieten bringt dieser Schmetterling jährlich sogar zwei Generationen hervor, von denen die erste von Ende Juni bis Ende Juli und die zweite ab August durch die Gärten fliegt.

Tagpfauenaugen finden sich in fast jedem Garten ein, sei es, um nur ein Sonnenbad auf einem flachen Stein zu nehmen oder aus den verschiedensten Blüten Nektar zu saugen. Ihre Eier legen Tagpfauenaugenweibchen bevorzugt auf Brennnesseln und nur in sehr seltenen Ausnahmefällen auch an Wildem Hopfen ab. Sobald die Larven, die landläufig fast immer als Raupen bezeichnet werden, aus den Eiern geschlüpft sind, beginnen sie, die Blattspreiten der Brennnessel bis auf die Rippen abzufressen.

Regenwürmer
(Lumbricidae)

Bei den Regenwürmern, von denen gegenwärtig rund vierzig Arten in Mitteleuropa leben, handelt es sich um Angehörige aus der Ordnung der Wenigborster (Oligochaeta).

In gewisser Weise stellt die Anzahl dieser Tiere eine Art Gütesiegel für die Qualität des Gartenbodens dar. Oder anders ausgedrückt, je größer die Menge an Regenwürmern ist, desto besser eignet sich das Bodensubstrat als Standort für Gemüse- und Zierpflanzen.

Die meisten Regenwurmarten sind weitgehend nachtaktiv. Im Schutze der Dunkelheit ziehen sie sowohl angewelkte als auch nicht mehr an den Pflanzen befindliche chlorophyllhaltige Vegetationsteile ins Erdreich, damit diese zunächst noch weiter verrotten.

Einige Tage danach nutzen die Regenwürmer diese Substanzen als Nahrung, wobei sie gleichzeitig viel Bodensubstrat mit aufnehmen, das zahlreiche nützliche Bakterien, mikroskopisch kleine Pilze und Algen enthält. Der später ausgeschiedene Regenwurmkot wirkt sich nicht nur begünstigend auf die Feinkrümeligkeit des Bodens aus, sondern kann von den Wurzelsystemen der Gartenpflanzen auch sofort als Nährstoff aufgenommen werden.

Regenwürmer fungieren nicht nur als Humusproduzenten, sondern gleichzeitig auch als Bodenlockerer, indem sie dafür sorgen, dass im Boden die Luft besser zirkulieren sowie das auftreffende Regenwasser leichter einsickern kann.

Regenwürmer sind Zwitter, die sich gegenseitig befruchten und später ihre Eier in Kokons deponieren. In Abhängigkeit von der jeweiligen Art sowie den Umgebungstemperaturen dauert es anschließend zwischen 14 und 140 Tagen, bevor daraus die Nachkommenschaft schlüpft.

Beim Umgraben des Bodens mit einem Spaten werden fast immer viele Regenwürmer verstümmelt oder getötet. Diese Verluste lassen sich erheblich reduzieren, indem man statt des Spatens eine Grabgabel zur Bodenbearbeitung verwendet.

Im Schutz der Nacht ziehen Regenwürmer Pflanzenreste ins Erdreich.

Regenwürmer fungieren als wertvolle Humusproduzenten.

Spinnentiere
(Arachnida)

Die Spinnentiere gehören nicht, wie fälschlicherweise oft angenommen, zu den Insekten, sondern repräsentieren eine eigenständige, sehr artenreiche Klasse des Tierreiches.

Der auffälligste Unterschied zwischen den Spinnentieren und Insekten besteht darin, dass die Erstgenannten immer vier Beinpaare aufweisen, während die Insekten stets nur drei Beinpaare besitzen.

Bei denjenigen Exemplaren, die man landläufig als Spinnen bezeichnet, handelt es sich meistens um Vertreter aus der Ordnung der Webspinnen (Araneae).

Der überwiegende Teil dieser Spinnen ernährt sich von Insekten, die entweder in Netzen gefangen oder im Sprung beziehungsweise im Lauf überwältigt werden. Zu den Arten, die ihrer Beute ohne Netz nachstellen, gehören beispielsweise alle Wolfspinnen (Lycosidae). Diese Bodenbewohner bevorzugen als Lebensraum einen sehr trockenen, möglichst sandigen oder lehmigen Untergrund, der zahlreiche Ritzen und Spalten aufweist, damit sie sich bei einer drohenden Gefahr schnell verstecken können. Wolfspinnen sind vom zeitigen Frühjahr bis spät in den Herbst hinein aktiv. Während der Jagd orientieren sie sich fast nur mit den Augen und schätzen zunächst ab, ob eine potenzielle Beute nicht zu groß für eine erfolgreiche Überwältigung ist. Schnell flüchtende Beutetiere verfolgen die Wolfspinnen zumeist nur über eine Strecke von 50 cm. Danach beenden sie gewöhnlich den Jagdversuch ziemlich abrupt, um sich nicht zu weit von ihrem Unterschlupf zu entfernen. Zu den Netz bauenden Arten gehört unter anderem die Gartenkreuzspinne, *Araneus diadematus*. Diese Spinne errichtet ein sehr kunstvoll aussehendes Radnetz, das einen Durchmesser von mehr als 50 cm aufweisen kann und beispielsweise zwischen den Zweigen eines Gehölzes platziert wird. Zumeist hält sich diese Spinne in der Mitte ihres Netzes auf, damit der Weg zu Beutetieren so kurz wie möglich ist.

Neben den Radnetz errichtenden Spinnen existiert auch eine Vielzahl an Arten die weitaus primitivere Fangnetztypen bauen oder sogar nur einfache Spinnfäden als Fallen auslegen. So spannen beispielsweise manche Arten, die Erdbaue bewohnen, unmittelbar vor deren Eingängen Stolperfäden. Sobald ein Insekt oder eine anderes kleines Tier gegen diese Fäden stößt, kommt die Spinne blitzschnell aus ihrem Bau hervor und überwältigt die Beute. Danach wird sie in den Erdbau geschleppt und verzehrt.

Spinnennetze, hier ein Radnetz, können je nach Art sehr unterschiedliche Formen haben.

Zebraspinne

Kreuzspinne

Huschspinne

Wolfspinne

Phasmarhabditis hermaphrodita *parasitiert an Ackerschnecken.*

Nematoden

Bei den auch als Fadenwürmer oder Älchen bezeichneten Nematoden handelt es sich um einen der artenreichsten Stämme des Tierreiches. Er umfasst gegenwärtig mehr als 20 000 Arten, die auf allen Erdteilen vorkommen und eine feuchte bis nasse Umgebung als Lebensraum bevorzugen. Die meisten dieser Würmer haben eine sehr dünne, fadenähnliche Gestalt sowie eine weißliche oder transparente Färbung und führen eine parasitische Lebensweise. Dabei zeichnen sie sich gewöhnlich durch eine extrem hohe Wirtsspezifikation aus und befallen deshalb immer nur bestimmte Tiere oder höhere Pflanzen. Diesen Umstand hat man ganz geschickt genutzt und Arten, die beispielsweise in Maulwurfsgrillen und Nacktschnecken parasitieren, gezielt vermehrt. In ein Bodensubstrat eingebettet sind solche mikroskopisch kleinen Würmchen im Fach- sowie einschlägigen Versandhandel erhältlich und können im Garten ausgebracht werden.

Eine der bekanntesten Nematoden, die sich sowohl bei der Bekämpfung von Ackerschnecken, *Deroceras reticulatum*, als auch von Spanischen Wegschnecken, *Arion lusitanicus*, sehr bewährt hat, ist *Phasmarhabditis hermaphrodita*. Diese Art dringt in die Mantelhöhle der Schnecken ein. Anschließend sondert sie Bakterien ab, die die Muskulatur und die inneren Organe der Schnecken relativ schnell zersetzen, sodass diese bereits 72 Stunden nach der Infektion ihre Nahrungsaufnahme einstellen und sich ins Erdreich zurückziehen, wo sie in den folgenden Tagen sterben. Die Nematoden bleiben dann noch etwa zwei bis drei Wochen in den Kadavern, um sich von diesen zu ernähren und gleichzeitig ihre Vermehrung voranzutreiben. Anschließend verlassen sie die Schneckenkadaver und suchen einen neuen Wirt. *Phasmarhabditis hermaphrodita* ist nicht nur für sämtliche Wirbeltiere völlig ungefährlich, sondern wählt auch niemals Weinbergschnecken, *Helix pomatia*, oder Hainschnirkelschnecken, *Cepaea nemoralis*, als Wirtstiere aus.

Weinbergschnecken (rechts) oder Hainschnirkelschnecken (unten) werden niemals von dieser Nematode befallen.

Häufige Schädlinge und deren Bekämpfung

Lauchmotte
(Acrolepiopsis assectella)

Lauchmotten gehören zur Schmetterlingsfamilie der Acrolepiidae und verursachen vor allem in trockenen, heißen Jahren oft erhebliche Schäden an Porree, Zwiebel und Schnittlauch.

Es handelt sich bei diesen dämmerungs- und nachtaktiven Insekten um eine verhältnismäßig kleine, graubraun gefärbte oder hell gefleckte Art, deren Flügelspanneweite 1,5 cm beträgt. Dieser Schmetterling bringt jedes Jahr zwei Generationen hervor. Die zuvor aus den Puppenhüllen geschlüpften Weibchen heften ihre Eier zwischen Mai und Juni (1. Generation) beziehungsweise zwischen August und September (2. Generation) an den Blättern der Wirtspflanzen an. Daraus schlüpfen die hellgelben bis hellgrüngelben Larven, die einen bräunlichen Kopf und in Reihen angeordnete schwarze Pünktchen aufweisen. Zunächst fressen diese Larven nur an den Oberflächen der Pflanzen, um anschließend allmählich in deren innere Bereiche vorzudringen, wobei rötlich-braune Bohrgänge entstehen. Letztere dienen oftmals als Eintrittspforten für Bakterien und Pilze, die in den befallenen Pflanzen sekundäre Infektionen auslösen.

Zur Abwehr von Lauchmotten können die Kulturen lediglich mit feinmaschigen Schutznetzen bedeckt werden. Bisher wird im Fachhandel nämlich noch kein Insektizid angeboten, mit dem sich Lauchmottenlarven, die bereits in den Kulturen in die Pflanzen eingedrungen sind, wirksam bekämpfen lassen.

Um jedoch die weitere Ausbreitung/Entwicklung der Lauchmotten einzudämmen, sollte man die befallenen Pflanzen sofort aus dem Bestand entfernen und anschließend vernichten. Ansonsten beginnen die Larven, sich zu einem späteren Zeitpunkt zu verpuppen, womit sie den Grundstein für die nächste Lauchmottengeneration legen.

Die Larven der Lauchmotte verursachen Schadfraß an Porree, Schnittlauch und Zwiebeln.

Ackerschnecken bevorzugen junge und frisch gesetzte Pflanzen.

Ackerschnecken
(Agriolmacidae)

Innerhalb der Weichtiere präsentieren sich die Ackerschnecken als eine eigenständige Familie, deren Angehörige keine Gehäuse besitzen. In Abhängigkeit von der Art kann die Körperfärbung dieser 2,5 bis 6 cm langen Exemplare von schmutzig grau über bräunlich bis anthrazitfarben variieren. Zu den bekanntesten Vertretern dieser Familie, die sich bevorzugt von frischen Pflanzen ernähren, gehören die Graue Ackerschnecke, *Deroceras agreste*, sowie die Genetzte Ackerschnecke *D. reticulatum*.

Ackerschnecken sind vorwiegend dämmerungs- und nachtaktiv. Lediglich bei Regenwetter sowie bei stark bedecktem Himmel verlassen sie gelegentlich auch am Tag ihre Erdhöhlen oder sonstigen Unterschlüpfe, um Nahrung aufzunehmen. Dabei werden an älteren Pflanzen zumeist nur partielle Fraßschäden verursacht, während junge beziehungsweise frisch gepflanzte Exemplare oftmals komplett aufgefressen werden – und das aus einem ganz besonderen Grund. Die Jungpflanzen enthalten nämlich ein sehr weiches und zudem noch äußerst wasserreiches Gewebe, das sich bei den Schnecken größter Beliebtheit erfreut. Bei ihren Fraßaktivitäten hinterlassen die Ackerschnecken fast immer ihre transparenten Schleimspuren an den Pflanzen sowie auf dem Boden.

Es existieren zahlreiche Nützlinge, beispielsweise Igel, Kröten und einige Vögel, die den Ackerschnecken intensiv nachstellen. Bei einem Massenauftreten von Schnecken sollte man allerdings unterstützend eingreifen, indem Köder (auch bekannt als Schneckenkorn oder -linsen) breitwürfig auf den Beeten verteilt werden. Ergänzend kann man für die Schnecken an kühlen, feuchten Stellen gezielt Fallen platzieren, beispielsweise in Form von flach ausgelegten Brettern, Dachpappenstücken oder Holzklötzen. Die Schnecken kriechen gegen Ende der Nacht gern unter derartige Gegenstände, die in der Folgezeit mindestens einmal pro Tag zu kontrollieren sind, um diese Weichtiere einzusammeln und anschließend abzutöten.

Weiße Fliegen
(Aleyrodoidea)

Bei den nur 1 bis 2 mm großen Insekten, die der Volksmund gewöhnlich als Weiße Fliegen bezeichnet, handelt es sich um verschiedene Arten aus der Überfamilie der Mottenschildläuse. Sowohl der Körper als auch die Flügel dieser Schädlinge sind immer mit mehlartigem Wachsstaub bedeckt, der in den Hinterleibsdrüsen produziert wird. Ein weiteres charakteristisches Merkmal dieser Insekten sind ihre hinteren Extremitäten, die sich im Verlauf der Evolution zu kräftigen Sprungbeinen entwickelt haben.

Zu den Wirtspflanzen der Weißen Fliegen gehören vor allem Kohlarten, Tomaten, Gurken, Paprika, Roseneibisch, Rhododendren, Pelargonien und Fleißige Lieschen. Die Weißen Fliegen schädigen sie primär durch den Entzug von Pflanzensaft. Eine sekundäre Schädigung kann durch den ausgeschiedenen Honigtau erfolgen, der wiederum einen idealen Nährboden für Rußtaupilze darstellt. Außerdem fungieren die bei den Anstichen entstehenden Öffnungen häufig als Eintrittspforten für Bakterien und Viren.

Weiße Fliegen kommen oft in Gewächshäusern vor.

Am besten sagt Weißen Fliegen ein feucht-warmes Klima zu. Im Freiland bringen diese Schädlinge jährlich meist zwei bis vier Generationen hervor, während es in Gewächshäusern oft acht bis zehn sind. Die Weißen Fliegen legen ihre Eier an den Blattunterseiten sowie den Stängeln der Pflanzen ab. Aus diesen Eiern schlüpfen bereits nach wenigen Tagen die Larven, die inklusive des Puppenstadiums nur knapp vier Wochen bis zur Entwicklung des Vollinsektes benötigen.

Bei einer Bekämpfung mit einem Insektizid sollte man berücksichtigen, dass dabei die Eier fast nie vernichtet werden. Aus diesem Grund hat es sich als günstig erwiesen, nach zehn Tagen eine zweite Spritzung durchzuführen. Außerdem entwickeln auch die erwachsenen Weißen Fliegen nach mehreren Behandlungen oft eine Resistenz gegen bestimmte Mittel beziehungsweise den darin enthaltenen Wirkstoff, sodass ein gelegentlicher Wechsel des Präparates sehr ratsam ist.

Zur Prophylaxe gegen Weiße Fliegen eignen sich mit Leim beschichtete Gelbtafeln, die auf die Tiere eine unwiderstehliche Anziehungskraft ausüben. Nachdem sich die Fliegen einmal auf diesen Tafeln niedergelassen haben, können sie sich nicht mehr von deren klebrigen Oberflächen fortbewegen.

Junikäfer
(Amphimallon solstitialis)

Der Junikäfer gehört zur Familie der Blattkornkäfer (Scarabaeidae) und ist mit dem seit einigen Jahrzehnten nur noch sehr selten auftretenden Maikäfer, *Melolontha melolontha*, eng verwandt.

Zwischen Ende Mai und Anfang Juni beenden die 14 bis 18 mm großen Junikäfer ihr im Erdreich vollzogenes Puppenstadium und kriechen zur Oberfläche, wo sie sich auf Nahrungs- und Partnersuche begeben. Ihre Hauptnahrung besteht aus Blättern von Bäumen und Sträuchern. Die dabei verursachten Fraßschäden halten sich allerdings fast immer in Grenzen, sodass man sie oftmals gar nicht bemerkt.

Nach der Befruchtung legen die Weibchen ihre Eier meist nesterweise im Boden ab. Daraus schlüpfen Anfang August die Larven, die im Volksmund fast nur als Engerlinge bezeichnet werden. Sie beginnen sofort an den Wurzeln der unterschiedlichsten Pflanzen, beispielsweise an Kohlarten und Gras, zu fressen und richten dabei mit zunehmender Größe immer mehr Schaden an. Vergilbungen im Rasen sind oft ein Hinweis, dass sich im darunter befindlichen Erdreich Engerlinge angesiedelt haben.

Junikäfer oder Gerippter Brachkäfer

Junikäfer und deren Larven werden normalerweise nur prophylaktisch bekämpft, indem man besonders gefährdete Kulturen mit Pflanzenschutznetzen abdeckt, sodass diese Insekten ihre Eier nicht auf den betreffenden Beeten ablegen können. Des Weiteren trägt häufiges Umgraben des Bodens dazu bei, dass zahlreiche Engerlinge an die Oberfläche befördert werden, wo man sie vernichten kann.

Letztlich sollte man seinen Garten nützlingsfreundlich gestalten, damit sich möglichst viele Arten, wie Igel, Erdkröten und Laufkäfer, ansiedeln, die den Junikäfern nachstellen.

Erdbeerblütenstecher
(Anthonomus rubi)

Beim Erdbeerblütenstecher handelt es sich um ein 2 bis 4 mm langes, schwärzliches Insekt aus der Familie der Rüsselkäfer (Curculionidae). Die Weibchen diese Art beißen Löcher in die Blütenknospen der unterschiedlichsten Rosengewächse, wobei sie Erdbeeren bevorzugen. Anschließend werden in den entstandenen Vertiefungen die Eier deponiert. Aus letzteren schlüpfen weißlich gelbe Larven, die die Knospen von innen heraus leer fressen, sodass diese relativ schnell verwelken und abfallen.

Die Verpuppung der Larven erfolgt ebenfalls noch in den Knospen. Nach Beendigung der Puppenphase verlassen die vollentwickelten Käfer die Knospen und begeben sich zeitweilig in eine inaktive Lebensphase, die als Sommerruhe bezeichnet wird.

Erdbeerblütenstecher verursachen vor allem bei blühschwachen Sorten größere Ertragsausfälle. Um dem entgegen zu wirken, ist es ratsam, sich für den Anbau möglichst blühfreudiger Erdbeeresorten zu entscheiden.

In bereits befallenen Beständen sollte man regelmäßig die abgefallenen Blütenknospen aufsammeln und anschließend sofort vernichten, um die weitere Ausbreitung dieser Käfer einzudämmen. Des Weiteren muss der Neuanbau von Erdbeeren auf einem anderen Beet erfolgen, um so den Lebenszyklus dieses Schädlings erheblich zu stören.

Geschieht das nicht, würden die im Erdreich überwinternden Erdbeerblütenstecher im folgenden Frühjahr sofort optimale Lebensbedingungen vorfinden und sich weiter intensiv vermehren können. Außerdem empfiehlt es sich, den Erdbeerbestand unmittelbar nach der Ernte kräftig mit Rainfarnjauche zu spritzen beziehungsweise zu übergießen. Die Extrakte aus dieser Pflanze vertragen die Erdbeerblütenstecher überhaupt nicht und verlassen die Beete.

Mit blühfreudigen Erdbeersorten lassen sich größere Ertragsausfälle durch den Erdbeerblütenstecher vermeiden.

Der Erdbeerblütenstecher befällt die Knospen, sodass sich keine Früchte bilden können.

Blattläuse
(Aphidoidea)

Die Blattläuse repräsentieren eine sehr artenreiche Überfamilie aus der Klasse der Insekten. Von den weltweit etwa 3000 bekannten Arten leben etwa 850 in Mitteleuropa. Zu ihnen gehören beispielsweise die Grüne Pfirsichblattlaus, *Myzus persicae*, die Gemeine Kreuzdornblattlaus, *Aphis nasturtii*, die Schwarze Bohnenlaus, *Aphis fabae*, und die Grünstreifige Kartoffelblattlaus, *Macrosiphum euphorbiae*. Typisch für alle Blattlausvertreter sind ihre geringe Körperlänge, die 5 mm zumeist nicht überschreitet, sowie die Tatsache, dass sie sich ausschließlich von kohlenhydrat- und aminosäurereichen Pflanzensäften ernähren.

Fast alle Blattlausarten vermehren sich über mehrere Generationen hinweg durch die auch als Parthenogenese bezeichnete Jungfernzeugung. Danach bringen sie eine geflügelte Generation hervor, die sich geschlechtlich vermehrt. Durch ihre Flügel sind diese Exemplare in der Lage, sehr weite Strecken zurückzulegen und somit für eine äußerst effektive Verbreitung ihrer Art zu sorgen. Zumeist wird die Entstehung von geflügelten Generationen durch Alarmduftstoffe ausgelöst, die die ungeflügelten Blattläuse bei der Anwesenheit von Fressfeinden ausstoßen. Gleichzeitig bewirken diese Duftstoffe verstärkte Bewegungsaktivitäten in der betreffenden Blattlauskolonie, die mitunter sogar dazu führt, dass sich die meisten Exemplare einfach von den Blättern fallen lassen.

In vielen Fällen erfolgt bei einem Blattlausbefall nicht nur eine Schädigung durch den Entzug von Zell- und Gewebesaft, sondern es werden gleichzeitig Viren und Bakterien übertragen beziehungsweise optimale Voraussetzungen für Folgekrankheiten geschaffen. Beispielsweise bietet der von den Blattläusen ausgeschiedene, auf den Blättern klebende Honigtau einen nahezu

Blattlausbefall

Geflügelte Blattlaus

Blattläuse in unterschiedlichen Entwicklungsstadien

idealen Nährboden für die Ansiedlung von Schwärzepilzen. Nicht minder schwer wiegend sind die Einstiche der Blattläuse in die Blätter von Obstgehölzen, wobei häufig eine Übertragung von Viren stattfindet, die die Rollblattkrankheit hervorrufen können.

Wenn sich die ersten Blattläuse auf Pflanzen ansiedeln, geschieht das meist unbemerkt, weshalb der Gartenfreund den Befall normalerweise erst registriert, nachdem bereits eine massive Vermehrung dieser Schädlinge stattgefunden hat und sie sich in zahlreichen großen Kolonien auf den Blättern tummeln. Bei einem derartig massiven Befall erweisen sich die oft gepriesenen Hausmittel wie Jauchen und Brühen kaum noch erfolgversprechend. In der Regel sind dann auch die Nützlinge, wie etwa Vögel, Florfliegenlarven, Schlupfwespen oder Lauf- und Marienkäfer, nicht mehr in der Lage, das Blattlausproblem weitgehend beheben zu können. Um weitere Schäden an den Pflanzen sowie größere Ertragseinbußen zu vermeiden, wird man in diesem Stadium kaum noch auf den Einsatz eines wirksamen Insektizids verzichten können. Allerdings sollte man nach einer Bekämpfungsaktion niemals glauben, dass dies für den Rest des Jahres genügt, denn oftmals finden sich auf den behandelten Blättern schneller neue Blattläuse ein als einem lieb ist. Deshalb empfiehlt es sich, die Pflanzen mindestens während der gesamten Vegetationsperiode einmal wöchentlich auf Blattläuse zu untersuchen, um bei einem Befall sofort wirksame Gegenmaßnahmen einzuleiten.

Rosentriebbohrer
(*Ardis brunniventris*, *Monophadnus elongatulus*)

Bei dieser Gruppe wird zwischen Aufwärtssteigendem Rosentriebbohrer, *Monophadnus elongatulus*, und Abwärtssteigendem Rosentriebbohrer, *Ardis brunniventris*, unterschieden.

Bei beiden Arten handelt es sich um knapp 1 cm lange, schwärzliche Blattwespen, die von April bis Mai besonders häufig auftreten und ihre Eier an jungen Rosentrieben ablegen. Beim Abwärtssteigenden Rosentriebbohrer geschieht das an den Triebspitzen der Rosen. Nachdem aus den Eiern die weißlichen Larven geschlüpft sind, fressen sie sich in den Trieb hinein, wobei ein bis zu 4 cm langer Gang entsteht. Am Ende des Sommers verlassen die Larven die Triebe, um im Boden zu überwintern.

Die Aufwärtssteigenden Rosentriebbohrer legen ihre Eier am unteren Ende eines jungen Triebes ab, wobei sich an der Ablagestelle kleine Pusteln bilden.

Die aus den Eiern schlüpfenden Larven dringen ebenfalls in den Trieb hinein und erzeugen im Rahmen ihrer Fraßaktivitäten einen von unten nach oben steigenden, bis 9 cm langen Gang.

Bei einem Befall durch einen Rosentriebbohrer beginnen die Triebe zu welken, biegen sich nach unten und aus den Bohrlöchern, über die die Larven in die Triebe eingedrungen sind, rieselt Bohrmehl heraus. Diese befallenen Triebe sollte man sofort abschneiden und anschließend verbrennen. Außerdem besteht die Möglichkeit, die Rosen zwischen April und Juni bis zu dreimal prophylaktisch mit einem chemischen Spritzmittel zu behandeln.

Larve des Rosentriebbohrers in einem Stängel

Aufgeschnittener Stängel mit einer Larve

Spanische Wegschnecke
(Arion lusitanicus)

Ursprünglich kam die auch als Kapuzinerschnecke bezeichnete Spanische Wegschnecke nicht in Mitteleuropa vor, sondern wurde in den letzten Jahrzehnten eingeschleppt. Augrund der ihr zusagenden Umweltbedingungen sowie des Fehlens von Fressfeinden und Krankheiten breitete sich diese Schneckenart rasant aus und gehört inzwischen zu den häufigsten und unbeliebtesten Schädlingen des Gartens.

Wie die meisten Scheckenarten fühlt sich auch die Spanische Wegschnecke an sehr sonnigen, trockenen Standorten äußerst unwohl. Deshalb ist sie auch in den noch kühlen, zeitigen Morgenstunden sowie während der Dämmerung und in der Nacht besonders aktiv.

Dabei erweisen sich die Schnecken oft als regelrechte »Fressmaschinen«, die in der Lage sind, pro Tag mehr als die Häfte ihres Körpergewichtes an Nahrung aufzunehmen.

Im Garten weiden sie mitunter junge Gemüsepflanzen, wie etwa Radieschen, Kopfsalat, Spinat und Kohlarten, bis zur Unkenntlichkeit ab. Aber auch einige Blumen, wie etwa Dahlien, Herzlilien und Lupinen, ge-

Spanische Wegschnecken bei der Paarung

Unter solchen Holzpilzen verstecken sich Schnecken gern.

hören zur bevorzugten Nahrung dieser Schnecken.

Nach längeren Hungerphasen fressen gelegentlich Igel, Erdkröten und Amseln einige Spanische Wegschnecken. Aber das erfolgt keinesfalls mit Begeisterung, denn die Schnecken schmecken sehr bitter. Dagegen haben sich Indische Laufenten, die von der Stockente, *Anas platyrhynchos*, abstammen als sehr gute Schneckenvertilger erwiesen, wobei sie auch die Schneckengelege mitfressen. Ebenso haben sich Nematoden als hervorragende Schneckenbekämpfer erwiesen. Dagegen führen die oft gepriesenen Bierfallen meist zu keinen nachhaltigen Erfol-

Bierfallen sind unter Fachleuten zumindest umstritten, weil sich mit ihnen meist nur mäßige Erfolge erzielen lassen.

gen. Wesentlich bessere Resultate erzielt man hingegen mit handelsüblichen Fraßködern, die als Schneckenkorn oder -linsen bezeichnet werden. Diese Bekämpfungsmaßnahme ist besonders effektiv, wenn man die Köder mit möglichst breiten Würfen gleichmäßig in die zu schützenden Kulturen verteilt. Als Ergänzung zu dieser Maßnahme kann man den Schnecken an kühlen, feuchten Stellen gezielt Versteckmöglichkeiten, beispielsweise in Form von flach ausgelegten Brettern, Dachpappenstücken oder Holzklötzen anbieten. Diese Verstecke müssen täglich mindestens einmal kontrolliert werden, um die »darunter geflüchteten« Schnecken abzusammeln. Das Töten der Tiere erfolgt am besten mit einem Spatenstich, mit dem man die Schnecken im vorderen Körperdrittel durchtrennt.

Indische Laufenten fressen nicht nur Schnecken, sondern auch deren Gelege.

Schneckenkorn, ein probates Mittel gegen Nacktschnecken

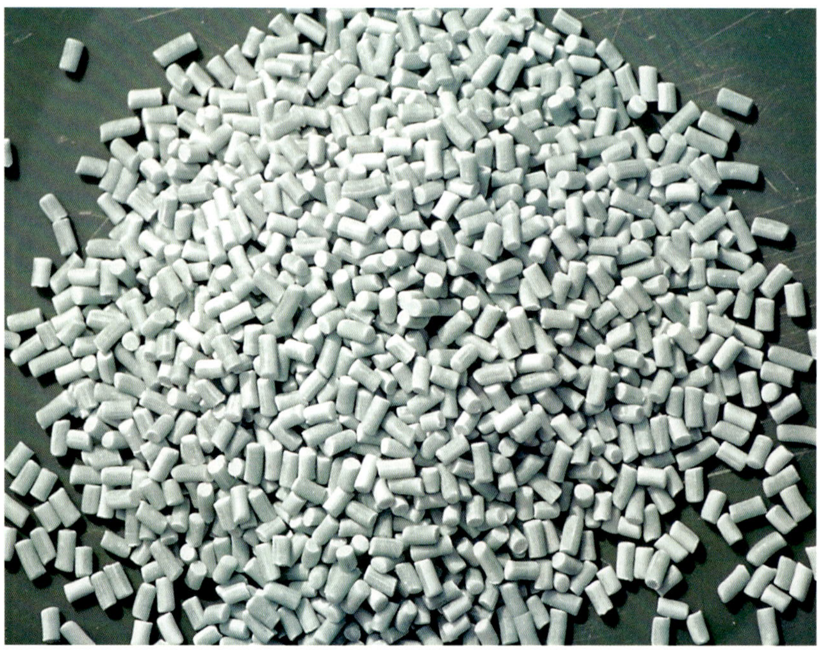

Schneckenkorn gibt es in Form von Pellets oder kleinen Linsen.

Wühlmäuse
(Arvicolinae)

Bei den Wühlmäusen handelt es sich um eine artenreiche Unterfamilie der Nagetiere (Rodentia). Wie es bereits ihre Populärbezeichnung erahnen lässt, legen Wühlmäuse fast immer ein ausgedehntes Gangsystem an, das sich nur wenige Zentimeter unter der Erdoberfläche befindet. Die beim Graben anfallende Erde werfen sie an den Enden ihrer Gänge auf, wonach mancher Zierrasen wie eine »Pyramidenlandschaft« wirkt. Doch damit nicht genug. Zu allem Überfluss haben sich die Wühlmäuse noch auf das Fressen von Wurzeln, Knollen und Zwiebeln spezialisiert. Diese nagen sie bei den jeweiligen Pflanzen ganz oder teilweise ab. In Abhängigkeit von dem Schädigungsgrad reagieren die Pflanzen darauf entweder mit Wachstumsdepressionen oder sie sterben ab. Im Extremfall können sogar große Obstbäume, deren Wurzeln intensiv von Wühlmäusen bearbeitet wurden, plötzlich umstürzen.

Neuerworbene Pflanzen, die besonders wertvoll und/oder selten sind, lassen sich vor späterem Wühlmausfraß schützen, indem ihr Wurzelballen mit feinem Maschendraht ummantelt wird. Außerdem trägt die Präsenz von Hauskatzen dazu bei, dass sich nur selten Wühlmäuse im Garten einnisten.

Falls sich diese Nager aber doch einmal im Garten angesiedelt haben, sollte zügig gehandelt werden. Eine Bekämpfung kann dann mithilfe von Spezialfallen, Fraßködern und oder Begasungspatronen erfolgen.

Die Erdmaus gehört zu den Wühlmäusen.

Zahlreiche Schädlinge, darunter auch die Rosenblattwespe, können Rosen zu schaffen machen.

Rosenblattwespe
(Caliroa aethiops)

Im Unterschied zu Blattläusen, die sich so gut wie jedes Jahr (manchmal sogar mehrfach jährlich) auf den Rosen einfinden, tritt die Rosenblattwespe fast nur in größeren zeitlichen Intervallen auf. So findet man diese Insekten, respektive ihre Larven, in vielen Regionen oft über mehrere Jahre hinweg nicht, aber wenn sie schließlich da sind, dann meist in großen Individuenzahlen.

Rosenblattwespen bringen pro Jahr zwei Generationen hervor. Die erste Generation fliegt schon im Mai und legt ihre Eier an den Blattstielen der Rosen ab.

Die daraus schlüpfenden hellgrünlichen bis hellgelblich-grünen beziehungsweise grau gefärbten Larven verursachen an den Blättern zunächst einen ganz charakteristischen Fensterfraß. Später beginnen sie häufig, die Blätter von den Rändern her anzufressen.

Die zweite Larvengeneration der Rosenblattwespen fliegt im Juli und parasitiert bis September an den Rosen. Anschließend ziehen sich die Larven ins Erdreich zurück, spinnen dort einen Überwinterungskokon und beginnen sich im Frühjahr zu verpuppen.

Bei einem mäßigen Befall genügt es normalerweise, die Larven per Hand abzulesen. Treten sie dagegen in einer größeren Individuendichte auf, sollte man ein Insektizid zu ihrer Bekämpfung verwenden.

Larve der Rosenblattwespe

Kohltriebrüssler
(Ceutorhynchus)

Bei diesen Schadinsekten unterscheidet man zwischen dem Großen Kohltriebrüssler, *Ceutorhynchus napi*, und dem Kleinen Kohltriebrüssler, *Ceutorhynchus pallidactylus* (Synonym: *C. quadridens*), die zur Familie der Rüsselkäfer (Curculionidae) gehören.

Beide Arten erscheinen in milden Jahren bereits Anfang April und befallen die frisch ausgepflanzten Kohlkulturen. Zwischen April und Juni erfolgt dann die Eiablage in den Stängeln oder in den Blattrippen der Kohlpflanzen. Aus diesen Eiern schlüpfen relativ schnell die Larven, die sofort in den Blattstielen und Mittelrippen zu fressen beginnen und diese dabei aushöhlen. Beim Aufschneiden solcher Stängel beziehungsweise Blattrippen findet man neben den weißen Larven, die einen dunklen Kopf besitzen, auch reichlich Kot.

Aufgeschnittene, von den Larven des Kohltriebrüsslers befallene Blattrippe

Der Kleine Kohltriebrüssler wird nur 0,3 mm lang.

Wenngleich die Kohltriebrüssler auch andere Kohlarten befallen, zeigen sie eine Vorliebe für Blumenkohl sowie für Kohlrabi. Die befallenen Pflanzen stocken dann im Wachstum, ihre Stängel verdrehen sich, die Herzblätter verkümmern und bei den Kohlrabis platzen die Knollen auf. Die Einbohrlöcher des Kohltriebrüsslers fungieren auch oft als Eintrittspforten für pilzliche Schaderreger, die bei den betroffenen Pflanzen Wurzelhals- und Stängelfäule auslösen.

Um einen Befall durch Kohltriebrüssler zu vermeiden, kann man ein Insektizid spritzen.

Von Birnengallmückenlarven befallene Früchte

Birnengallmücke (Contarinia pyrivora)

Die Flugzeit der Birnengallmücke konzentriert sich weitgehend auf den April, weil in diesem Monat fast alle Birnensorten blühen. Die Mückenweibchen landen auf den Birnenblüten, um in jede bis zu fünfzig Eier abzulegen, aus denen bereits nach wenigen Tagen winzige Larven schlüpfen. Letztere fressen sich in den Fruchtknoten hinein, wo sie durch ihren Speichel eine Verdickung der sich entwickelnden Frucht bewirken. Die betroffenen Früchte schwellen dann kugelartig an und wachsen zunächst schneller als nicht befallene Birnen. Dabei bilden sich auf ihrer Schale kleine Dellen. Später verfärben sich die Früchte schwarzbraun und fallen sehr frühzeitig ab. In ihrem Inneren, das völlig ausgehöhlt wurde, befinden sich nach dem Abfallen noch die etwa 4 mm langen, gelblich-weißen Larven. Nach spätestens sechs Wochen verlassen die Larven die ausgehöhlten Birnen, um 5 bis 10 cm tief ins Erdreich zu wandern, wo sie sich verpuppen und so den Winter überdauern.

Ein wirksames Mittel zur Bekämpfung der Birnengallmücken beziehungsweise deren Larven ist bislang nicht im Handel erhältlich.

Um die Schädlingszahl im Folgejahr einzudämmen, kann man lediglich die abgefallenen Birnen zusammenharken und anschließend am besten durch Verbrennen vernichten.

Beim Neuerwerb von Birnbäumen sollte man sich vorzugsweise für sehr früh oder sehr spät blühende Sorten entscheiden, weil sie nicht so häufig befallen werden. Zu den sehr stark gefährdeten Sorten gehört leider auch die 'Williams-Christ', bei der es sich um eine der besten und beliebtesten Birnen weltweit handelt.

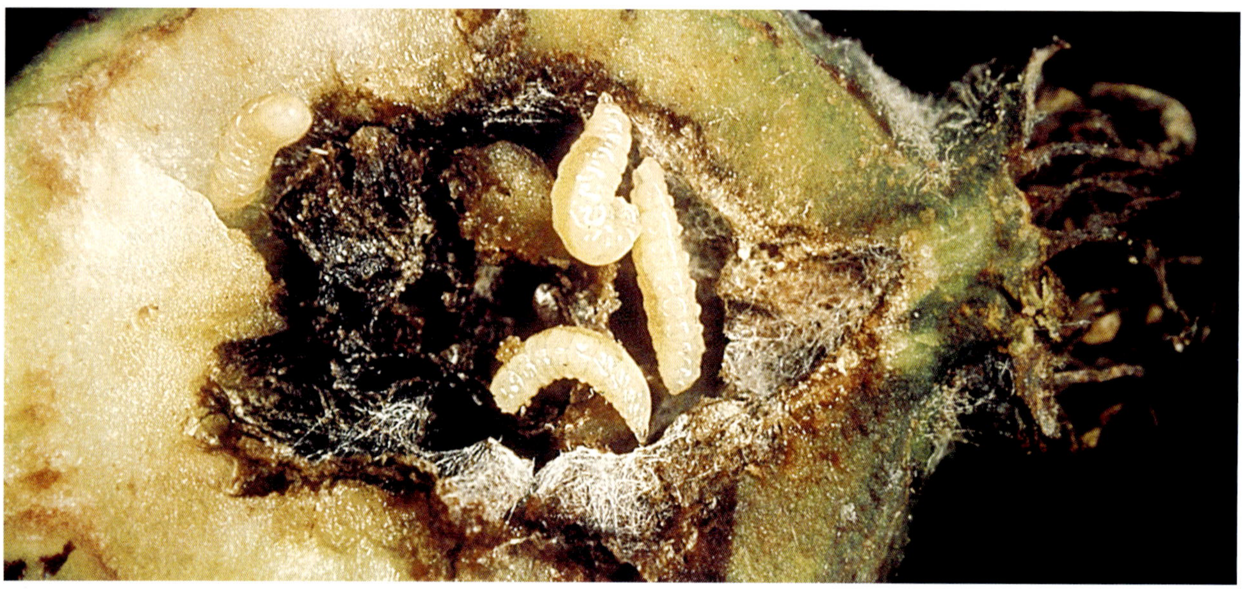

Birnengallmückenlarven höhlen das Innere der befallenen Früchte völlig aus.

Spargelhähnchen sind an ihrer auffälligen Zeichnung gut erkennbar.

An diesem Blütenstängel hat ein Spargelhähnchen-Weibchen seine Eier nach unten hängend abgelegt.

Spargelhähnchen
(Crioceris asparagi)

Beim Spargelhähnchen, das gelegentlich auch als Gemeines Spargelhähnchen bezeichnet wird, handelt es sich um einen Vertreter aus der Familie der Blattkäfer, Chrysomelidae. Die erwachsenen Käfer erreichen eine Körperlänge von 5 bis 7 mm und zeigen eine sehr auffällige, weißlich-gelbe Punktzeichnung auf ihrem Rücken.

Im April verlassen die Käfer ihre unter Laub, Steinen oder in Borkenritzen befindlichen Winterquartiere und beginnen an den Spargelpflanzen zu fressen. Ab Mitte/Ende Mai legen die Weibchen ihre graugrün bis schwarz gefärbten Eier senkrecht nach unten hängend an den Stängeln der Pflanzen ab. Bereits nach wenigen Tagen schlüpfen daraus grau-grüne Larven, die ebenfalls am Spargel parasitieren. Bei günstiger Witterung geht ihre Entwicklung so rasch vonstatten, dass sie bereits nach zwei bis drei Wochen eine Länge von 8 mm erreicht haben und sich zur Verpuppung in den Boden zurückziehen. In den meisten Jahren schlüpft nach einem relativ kurzen Puppenstadium eine zweite Generation, die abermals die Spargelpflanzen schädigt. Im Spätsommer stellen die Spargelhähnchen ihre Nahrungsaufnahme ein und begeben sich in ihre zukünftigen Winterquartiere. Weil die Kulturen sowohl bei einem Massenauftreten des Spargelhähnchens als auch des eng mit ihm verwandten Zwölfgepunkteten Spargelkäfers, *Crioceris duodecimpunctata*, stark geschädigt werden, sollte eine Spritzung mit einem Insektizid am besten schon erfolgen, sobald man die ersten Exemplare bemerkt.

Zwölfgepunkteter Spargelkäfer, ein enger Verwandter des Spargelhähnchens

Erbsenwickler
(Cydia nigricana)

Beim Erbsenwickler (Synonyme: *Grapholitha nigricana* und *Laspeyresia nigricana*) handelt es sich um einen 8 bis 10 mm langen, olivbraunen Schmetterling, der ziemlich unscheinbar wirkt und besonders häufig von Mai bis August zu beobachten ist. Wie bei vielen Insekten bereiten dem Gärtner nicht die vollentwickelten Individuen, sondern deren Larven die eigentlichen Probleme.

Im Juni und Juli legen die weiblichen Erbsenwickler ihre Eier an den jungen Hülsen oder den Blüten der Erbsenpflanzen (in selteneren Fällen auch an Wicken und Rotklee) ab. Aus diesen Eiern schlüpfen schon nach wenigen Tagen die Larven, die sofort damit beginnen, sich in die Hülsen hineinzubohren, um die darin befindlichen Samen anzufressen. Nach ungefähr drei Wochen sind die Larven ausgewachsen und verlassen die Hülsen. Sie kriechen dann ins Erdreich, wo sie sich zunächst einspinnen und später verpuppen.

Werden von den befallenen Erbsenpflanzen die im Volksmund zumeist nur als Schoten bezeichneten Hülsen geöffnet, findet man darin normalerweise 2 bis 4 angefressene Erbsensamen, reichlich schwarzbraune Kotkrümel, Gespinstreste und des Öfteren die gelblich-weißen Larven.

Aufgrund der Tatsache, dass im Fachhandel noch kein wirksames Präparat gegen die Larven des Erbsenwicklers erhältlich ist, behelfen sich viele Gärtner mit Hausmitteln, indem sie aus Wermut- oder Rainfarn eine Jauche herstellen und damit prophylaktisch ihre Erbsenkulturen spritzen. Des Weiteren hat es sich bewährt, Erbsen als Mischkultur mit Tomaten anzubauen, weil der Duft dieser Pflanzen die Falter abschreckt. Außerdem besteht noch die Möglichkeit, die Erbsen sehr früh oder sehr spät auszusäen, sodass die Phase des Blühens und Schiebens der jungen Hülsen so gut wie gar nicht mit der Zeit zusammenfällt, in der die Erbsenwicklerweibchen ihre Eier bevorzugt ablegen.

Durch den Erbsenwickler geschädigte Früchte

Erbsenwicklerlarven verursachen Ertragsminderungen durch Fraßschäden und ihre Ausscheidungen.

Apfelwickler befallen unter anderem auch Quitten, Kirschen und Walnüsse.

Apfelwickler
(Cydia pomonella)

Beim Apfelwickler (Synonym: *Laspeyresia pomonella*), handelt es sich um einen dämmerungs- und nachtaktiven, farblich wenig attraktiven Schmetterling aus der Familie der Wickler (Tortricidae). Der Körper dieses 1,5 bis 2,2 cm großen Falters hat eine gräuliche Färbung und die Flügel weisen ein Muster aus hellgrauen und kupferfarbenen Streifen auf.

In Mitteleuropa bringt der Apfelwickler gewöhnlich nur eine Generation pro Jahr hervor, die von Mitte Mai bis Ende Juni fliegt. Jedes Weibchen ist in der Lage, 30 bis 60 Eier zu legen, die entweder direkt auf den Früchten (neben Äpfeln gelegentlich auch auf Birnen, Quitten, Kirschen, Pfirsichen und Walnüssen)

Aufgeschnittener Apfel mit Larve

oder auf den Blättern deponiert werden. Die daraus schlüpfenden Larven (auch als Maden bezeichnet) dringen in die Früchte ein und ernähren sich von diesen. Dabei verschmutzen sie das Innere der Frucht, indem sie eine mehr oder weniger große Menge an Kot abgeben. Vor dem Verpuppen verlassen die Larven die Frucht, um sich in einer Rindenritze oder im Erdreich einen Kokon zu spinnen.

Zu den wirksamsten Nützlingen, die den Apfelwickler bekämpfen, gehören neben Fledermäusen auch Schlupfwesepen und Ohrwürmer, die nicht selten in die Fraßgänge der Larven eindringen und diese dort überwältigen.

Zur Bekämpfung des Apfelwicklers kann man ab Mitte Mai auch Fallen mit Lockstoffen (Pheromonen) in die Bäume hängen. Allerdings werden mit dieser Methode gewöhnlich nicht alle Falter gefangen, sondern es wird nur ihre Bestandszahl reduziert, sodass die Schäden am Obst nur geringer ausfallen. Dagegen besteht die effektivste Bekämpfungsmethode nach wie vor darin, die Bäume prophylaktisch mit einem gegen den Apfelwickler wirkenden Insektizid zu spritzen.

Bohrstelle der Apfelwicklerlarve in einem Apfel

Zwiebelfliege
(Delia antiqua)

Bei der Zwiebelfliege handelt es sich um ein Insekt, das in seinem Aussehen einer Stubenfliege ähnelt und deren erste Generation zwischen April und Mai auftritt. Sie legt ihre Eier entweder direkt an *Allium*-Arten, wie Küchenzwiebeln, Porree und Schnittlauch, oder zumindest in der Nähe im Boden ab. Je nach Umgebungstemperatur schlüpfen nach 3 bis 8 Tagen die weißlichen Larven, die sofort damit beginnen, an den Pflanzen zu fressen. Bei den befallenen Exemplaren lassen sich danach nicht nur die Herzblätter relativ leicht herausziehen, sondern gleichzeitig sind auch die Wurzeln mehr oder weniger stark abgefressen. Mit fortschreitender Entwicklungsdauer dringen die Larven in die Zwiebelkörper ein, wobei sie Fraßgänge hinterlassen, die bald darauf zu faulen beginnen. Nach einer Fresszeit von zwei bis drei Wochen ziehen sich die Larven zum Verpuppen ins Erdreich zurück, wobei das Puppenstadium bis Ende Juli/Anfang August dauert. Danach schlüpft die zweite Zwiebelfliegengeneration. In Jahren mit milder Witterung kann sogar noch eine dritte Generation auftreten. Allerdings sind die Schäden, die durch die Exemplare der ersten Generation verursacht werden, deutlich massiver als die der zweiten und dritten.

Zur Abwehr von Zwiebelfliegen können die Kulturen mit feinmaschigen Schutznetzen bedeckt werden. Außerdem ist es möglich, sowohl eine prophylaktische als auch aktive Bekämpfung mit handelsüblichen Schutzmitteln durchzuführen.

Die Zwiebelfliege legt ihre Eier an alle Laucharten.

Larve der Zwiebelfliege

Drahtwürmer
(Elateridae)

Als Drahtwürmer bezeichnet man die Larven der Schnellkäfer, bei denen es sich um eine eigenständige Insektenfamilie handelt. Während sich manche Larvenarten räuberisch ernähren, indem sie artfremde Larven fressen, haben sich andere, vorwiegend im Erdreich lebende Exemplare, wie etwa die Larve des Mausgrauen Schnellkäfers, *Agrypnus murinus*, auf pflanzliche Nahrungskomponenten spezialisiert.

Der Lebenszyklus der letztgenannten Schnellkäfer-Art beginnt damit, dass die Weibchen zwischen Juni und Juli ihre Eier im Boden ablegen. Daraus schlüpfen nach rund sechs Wochen die gelblichen, glänzenden Larven, die in den folgenden drei bis fünf Jahren im Boden leben, um an den verschiedensten Pflanzen, beispielsweise an Möhren und Kartoffeln, zu parasitieren.

Bei den befallenen Pflanzen, die zumeist sehr stark kümmern oder sogar absterben, weisen die Wurzeln oder Knollen mehr oder weniger intensive Fraßspuren in Form von rundlichen Bohrlöchern und dünnen Fraßgängen auf. Nach dem Ausgraben beziehungsweise Herausziehen einer geschädigten Pflanze wird man allerdings nur noch in seltenen Fällen die Verursacher der Bohrlöcher beziehungsweise Fraßgänge finden, denn zumeist sind die Larven schon weiter gewandert, um sich über die Wurzeln weiterer Pflanzen herzumachen. Auf Flächen, die jährlich ein- bis zweimal umgegraben werden, fühlen sich Drahtwürmer normalerweise nicht besonders wohl und treten deshalb auch nur in relativ geringen Individuenzahlen auf. Etwas anders sieht es oft auf frisch umgebrochenen Flächen aus, auf denen sich beispielsweise über mehrere Jahre oder gar Jahrzehnte eine dichte Grasnarbe entwickeln konnte.

Auf derartigen Flächen findet man nicht selten große Mengen an Drahtwürmern vor.

Aufgrund der Tatsache, das bisher kein chemisches Bekämpfungsmittel existiert, sollte man die Schnellkäferlarven beim Umgraben unbedingt aufsammeln und anschließend vernichten. Auf frisch umgebrochenen Flächen kann man diese Tiere noch zusätzlich mit Ködern, beispielsweise Möhren, Rüben oder Kartoffeln, anlocken.

Diese Köder zerschneidet man grob und gräbt sie anschließend ins Erdreich ein. Wenn man sie nach drei bis fünf Tagen wieder ausgräbt, haben sich oft zahlreiche Drahtwürmer daran versammelt.

Eine andere Bekämpfungsmethode besteht darin, im ersten Jahr Studenten- und/oder Ringelblumen auf frisch umgebrochenen Flächen zu pflanzen.

Die Wurzeln dieser Blumen enthalten nämlich Substanzen, die für die Drahtwürmer giftig sind. Ungeachtet dessen scheuen sich die Drahtwürmer nicht, an den Wurzeln der Ringel- sowie Studentenblumen herumzufressen, was jedoch zu ihrem baldigen Tod führt.

Drahtwürmer sind die Larven der Schnellkäfer.

Gesunde, kräftige Weintraube

Traubenwickler (Eupoecilia ambiguella, Lobesia botrana)

Bei diesen nachtaktiven, zur Familie der Wickler gehörenden Schmetterlingen unterscheidet man zwischen dem Einbindigen Traubenwickler (*Eupoecilia ambiguella*, Synonym: *Clysia ambiguella*) und dem Bekreuzten Traubenwickler (*Lobesia botrana*, Synonym: *Polychrosis botrana*).

Im Unterschied zum Einbindigen Traubenwickler, bei dem die strohgelben Vorderflügel von einer dunklen Querbinde durchzogen werden, zeigen diese beim Bekreuzten Traubenwickler eine Marmorierung, in der gelbliche sowie grünliche Flecken dominieren.

Beide Falterarten bringen normalerweise zwei Generationen hervor. In klimatisch sehr günstigen Jahren kann beim Bekreuzten Traubenwickler noch eine dritte Generation schlüpfen. Obwohl Weinreben die bevorzugten Wirtspflanzen dieser Schmetterlinge sind, findet man sie gelegentlich auch an anderen Pflanzen, beispielsweise an Waldreben, Hartriegel, Schneeball, Liguster, Efeu, Berberitze und Stachelbeeren.

Die erste Larvengeneration der Traubenwickler beizeichnet man als Heuwürmer, die zweite als Sauerwürmer und die dritte als Süßwürmer. Je nach Generation findet man diese Larven entweder zur Zeit der Heuernte oder später, wenn die Trauben noch sauer beziehungsweise im fortgeschrittenen Stadium schon süß sind, an den Reben. Die Heuwürmer fressen sich zunächst in die Blütenknospen hinein. Danach verspinnen sie diese Knospen zusammen mit Stielteilen, wobei sehr dichte Gespinste entstehen. Im Juni verpuppen sich die Heuwürmer.

Zwischen Juli und August schlüpfen aus diesen Puppen die Schmetterlinge der zweiten Generation, die unmittelbar danach ihre Eier an den Weinbeeren ablegen. Die sich aus diesen Eiern entwickelnden Sauerwürmer fressen zunächst außen an den Beeren. Später bohren sie sich in die Beeren hinein, um diese teilweise oder ganz auszuhöhlen.

Beim Hineinbohren schaffen die Traubenwicklerlarven häufig auch Eintrittspforten für die Erreger des Grauschimmels *(Botrytis)*, der vor allem bei feuchtwarmem Wetter ein rasches Wachstum zeigt und dabei ganze Trauben zerstört.

Die wirksame Bekämpfung eines massiven Traubenwicklerbefalls ist nur mit einem Insektizid möglich. Dabei hat es sich als günstig erwiesen, zehn bis zwölf Tage nach der ersten Spritzung eine zweite durchzuführen, weil es in der Phase der Eiablage fast immer einige Nachzügler unter den erwachsenen Traubenwicklern gibt, die dann erst mit der zweiten Spritzung zerstört werden.

Sauerwürmer nennt man die Larven der zweiten Generation des Traubenwicklers.

Ameisen
(Formicidae)

Bei der Familie der Ameisen handelt es sich um hoch organisierte, Staaten bildende Insekten, von denen in Mitteleuropa rund 180 Arten heimisch sind. In der Natur haben sich viele dieser Arten als recht nützlich erwiesen, indem sie den Boden lockern, Samen verbreiten sowie Aas und Pflanzenreste (beispielsweise in Form von abgefallenen Früchten und Pollen) beseitigen.

An den Gartenpflanzen richten diese Insekten kaum direkte Fraßschäden an – trotzdem bereiten sie so manchem Gartenfreund viel Verdruss – und das in zweierlei Hinsicht. Zum einen leben viele Ameisenarten mit Pflanzensaft saugenden Insekten, allen voran Schild- und Blattläusen sowie Blattflöhen, in Symbiose. Im Rahmen dieser Symbiose »melken« die Ameisen diese Insekten, indem sie deren zuckerreiche, als Honigtau bezeichnete Ausscheidungsprodukte abtransportieren. Im Gegenzug dazu schützen sie die Blattsauger vor den Angriffen zahlreicher Fressfeinde, sodass diese oft unbehelligt bleiben und sich weiter intensiv vermehren können. Manche Ameisenarten lassen den Blattsaugern sogar noch mehr Fürsorge angedeihen, indem sie beispielsweise zu Beginn des Herbstes Blattläuse sowie deren Eier in ihre Nester tragen, wo diese vor der Kälte gut geschützt den Winter überdauern. Ebenso schleppen zahlreiche Ameisenarten ihre Blattläuse sowie deren Larven wieder auf die

Ameise an einer Blüte

Ameisen mit Eiern

ursprünglichen »Weideplätze« zurück, wenn diese bei starken Regenfällen oder stürmischem Wind von den Pflanzen heruntergespült beziehungsweise geweht wurden.

Neben dem »Melken« verursachen die Ameisen auch dahingehend Schäden, dass sie oft an gut geschützten Stellen, beispielsweise unter Terrassen, in Ritzen des Mauerwerks sowie zwischen Baumwurzeln Höhlen für ihre Nester graben.

Im Fachhandel sind zahlreiche wirksame Mittel erhältlich, mit denen sich Ameisen zumindest zeitweilig bekämpfen lassen. Zeitweilig deshalb, weil in die frei gewordenen Reviere oft neue Ameisen einwandern, die sich in vielen Fällen gleich mit um die »herrenlos gewordenen Herden« Pflanzensaft saugender Insekten kümmern.

Deshalb kann es innerhalb eines Jahres erforderlich sein, mehrmals Bekämpfungen gegen Ameisen durchzuführen.

Ameise beim »Blattlausmelken«

Gemeine Maulwurfsgrille
(Gryllotalpa gryllotalpa)

Innerhalb der Insekten bilden die Maulwurfsgrillen (Gryllotalpidae) eine eigenständige Familie, von der nur die Gemeine Maulwurfsgrille in Europa lebt. Diese erreicht eine Länge von 4,5 bis 5 cm und wird auch als Werre, Halbteufel, Zwergel und in Österreich als G'schwer bezeichnet. Wie es bereits der Populärname der Maulwurfsgrille vermuten lässt, lebt dieses Tier vorwiegend im Boden, wo es direkt unter der Bodenoberfläche ein ausgedehntes Gangsystem aus fingerdicken Gängen mit seinen kräftigen Schaufelbeinen gräbt.

Neben Regenwürmern und anderen im Boden lebenden Tieren gehören auch die Wurzeln und Sprosse zahlreicher Kulturpflanzen zu den bevorzugt gefressenen Nahrungskomponenten dieses Schadinsekts, das vor allem zwischen Mai und Juni häufig in Gärten auftritt. In dieser Zeit erfolgen auch die Paarung sowie die Eiablage. Die Paarung findet immer über der Erde statt, wo die Maulwurfsgrillen oft zur Beute von Nützlingen, beispielsweise von Igeln, Spitzmäusen und Waldkäuzen, werden.

Ungefähr 300 Eier legen die Maulwurfsgrillenweibchen in selbst gegrabenen, faustgroßen Höhlen ab. Nach drei Wochen schlüpfen die Larven, die für ihre Entwicklung bis zum Vollinsekt zwei bis zweieinhalb Jahre benötigen.

Eine Methode zur Bekämpfung von Maulwurfsgrillen besteht darin, leere Einweckgläser ebenerdig einzugraben und um deren Öffnungen sternförmig Holzlatten zu legen, die die Tiere in die Fallen leiten. Eine weitere, ebenfalls sehr effektive Methode ist das Ausbringen der im Spezial- und Versandhandel erhältlichen Nematode *Steinernema carpocapsae*, die in die Larven der Maulwurfsgrillen eindringt und sie anschließend abtötet.

Maulwurfsgrille

Apfel- und Birnensägewespe (Hoplocampa)

Im Unterschied zur Apfelsägewespe, *Hoplocampa testudinea*, tritt die Birnensägewespe, *H. brevis*, wesentlich seltener auf. Typisch für diese beiden, bis 7 mm langen, stubenfliegenähnlichen Insektenarten ist, dass sie während der Obstblüte mit ihren Legestacheln Schlitze in die Blütenkelche ritzen, um darin anschließend die Eier abzulegen. Die schlüpfenden Larven verursachen zunächst einen spiralartigen Gang unter der Fruchthaut, wobei die geschädigte Frucht erhalten bleibt. Später höhlen die Larven die Früchte aus, indem sie immer tiefer in Richtung des Kerngehäuses vordringen. Bevor diese ausgehöhlten und somit sehr stark geschädigten Früchte abfallen, kriechen die Larven heraus, um sich einen weiteren Apfel beziehungsweise eine Birne zu suchen, in der sie fortan parasitieren. Zwischen Juni und August sind die Larven ausgewachsen und begeben sich zum Verpuppen 5 bis 10 cm tief ins Erdreich, wo auch der Winter überdauert wird.

Eine Bekämpfung der erwachsenen Insekten kann mithilfe von beleimten Weißtafeln erfolgen. Letztere müssen noch vor dem Beginn der Blühphase in die Bäume gehangen werden. Um zu vermeiden, dass sich Larven entwickeln können, muss während der Blütezeit eine Spritzung mit einem handelsüblichen Insektizid erfolgen.

Falls man das Spritzen verpasst hat und es in der Folge zu einem intensiven Befall der Obstgehölze mit Sägewespenlarven kommt, sollten alle betroffenen Früchte, die man gut anhand der Einstichstellen erkennt, abgepflückt und vernichtet werden. Auf diese Weise sorgt man zumindest dafür, dass sich im Folgejahr weniger Sägewespen entwickeln und Bäume aufs Neue befallen können.

Larve einer Birnensägewespe

Durch eine Sägewespenlarve verursachter Gang unter der Fruchthaut

Kartoffelkäfer
(Leptinotarsa decemlineata)

Der 9 bis 12 mm große Kartoffelkäfer gehört zu der äußerst artenreichen Familie der Blattkäfer (Chrysomelidae). Er besitzt auf seinem Halsschild schwarze Flecken. Über seine gelben Flügeldecken laufen zehn dunkle Längsstreifen, weshalb dieser Käfer gelegentlich auch als Zehnstreifen-Leichtfuß bezeichnet wird.

Im Juni legen die Weibchen an den Blattunterseiten der Kartoffelpflanzen ihre Eier in Paketen von 20 bis 70 Stück ab. Je nach Wetter schlüpfen daraus nach 3 bis 12 Tagen die rötlichen, am Kopf schwarz punktierten Larven. Letztere beginnen sofort, die Kartoffelblätter abzufressen und beeinträchtigen damit

Der Kartoffelkäfer ist einer der bekanntesten Schädlinge.

Gelege des Kartoffelkäfers

Die Kartoffelkäferlarve hat eine auffällige Färbung.

indirekt den Knollenertrag, weil dieser dann aufgrund der geringeren Assimilationsleistung der Pflanzen oft deutlich vermindert ausfällt. Außer den Larven halten sich auch die Käfer noch an dem Kartoffelkraut schadlos, indem sie sowohl Blattrand- als auch Lochfraßstellen verursachen. Bei sehr starkem Befall durch die Larven kann es passieren, dass ein Großteil der Kartoffelpflanzen bis auf Blattrippen und Stängel kahl gefressen wird.

Kartoffelkäfer bilden jährlich fast immer zwei Generationen. Nach etwa zwei bis vier Wochen haben sich die Larven der ersten Generation ausreichend satt gefressen, sodass sie anschließend ins Erdreich kriechen, um sich zu verpuppen. Bereits zwei Wochen später schlüpft daraus die zweite Kartoffelkäfergenerationen, die sich erneut über die Pflanzen hermacht, wobei die Schäden aber dann geringer ausfallen. Sobald das Kartoffelkraut zu welken beginnt, ziehen sich die Käfer zur Überwinterung in den Boden zurück.

Aufgrund der Tatsache, dass im Hausgarten zumeist nur eine noch relativ gut überschaubare Menge an Kartoffeln angebaut wird, sollte man bei schwächerem Befall ein Ablesen der Larven und Käfer per Hand favorisieren. Außerdem ist es ratsam, im Juni die Blattunterseiten der Kartoffeln regelmäßig zu inspizieren und die gelblichen Eipakete sofort zu entfernen. Bei stärkerem Befall wird man allerdings kaum auf den Einsatz eines wirksamen Insektizids verzichten können.

Kartoffelkäferlarven beim Fressen

Schwammspinner

(Lymantria dispar)

Der nacht- und dämmerungsaktive Schwammspinner gehört zur Familie der Trägspinner (Lymantriidae) und zeichnet sich durch einen ausgeprägten Geschlechtsdimorphismus aus. Die Männchen erreichen eine Flügelspannweite von 38 bis 40 mm und besitzen grau-braune Vorderflügel, auf denen sich schwärzliche Zackenbinden befinden. Im Unterschied dazu sind die Hinterflügel einfarbig hellbraun.

Die Weibchen, deren Flug sehr träge wirkt, erreichen eine Flügelspannweite von 58 bis 62 mm und besitzen schmutzig weiße Flügel. Jedes Weibchen legt bis zu 500 Eier an Obstsowie verschiedenen Laubgehölzen, darunter auch Hainbuchen, ab. Die aus den Eiern schlüpfenden Larven sind fein gepunktet und mit blauen und roten Warzen versehen. Ihr gesamter Körper ist von einer feinen Behaarung überzogen.

Einige Tage nach dem Schlupf beginnen diese Raupen, Löcher in die Blätter zu fressen. Später vertilgen sie die Blätter ganz, was bei starkem Befall zu einem kompletten Verkahlen des Baumes führen kann.

In den meisten Fällen erholen sich die Bäume wieder, sobald die Larven im Juni ihre Fraßaktivitäten einstellen. Gelegentlich passiert es aber auch, dass einzelne Bäume zu stark gestresst wurden und absterben.

Ein Pärchen des Schwammspinners

Eine Bekämpfung der Larven kann sowohl mit chemischen Insektiziden als auch auf biologische Weise mit dem *Bacillus thueringiensis* erfolgen, das in einigen handelsüblichen Präparaten enthalten ist. Mit diesem *Bacillus*, das für Menschen und Wirbeltiere völlig unschädlich ist, lassen sich übrigens auch zahlreiche andere Schmetterlings-, Käfer- sowie Mücken- und Flügellarven bekämpfen. Dabei erzeugt *Bacillus thueringiensis* eine toxische Substanz, die im Darm der Insektenlarven wirkt und diese dabei abtötet.

Die Raupe des Schwammspinners kann bis zu 7 cm lang werden.

Tausendfüßler
(Myriapoda)

Die zumeist nicht länger als 3 cm werdenden Tausendfüßler bilden eine äußerst artenreiche Überklasse der Gliederfüßer (Arthropoda). Ihr Populärname ist darauf zurückzuführen, dass sie eine sehr große Anzahl an Beinen besitzen. Bei manchen Arten können das bis zu 750 sein.

Tagsüber halten sich die Tausendfüßler in Verstecken, beispielsweise unter Steinen sowie in Borken- oder Mauerritzen auf und begeben sich erst nachts auf Nahrungssuche. Je nach Art ernähren sich diese Tiere sehr mannigfaltig. Während die einen beispielsweise mit Vorliebe Aas fressen, ernähren sich andere hauptsächlich oder gänzlich von pflanzlichen Komponenten. Dabei verursachen sie nicht nur Fraßschäden an Keimlingen und Wurzelhälsen von Jungpflanzen (sehr häufig an Kohlkulturen), sondern bohren sich teilweise auch in Zwiebel, Knollen und Faserwurzeln hinein.

Eine spezielle Gruppe der Tausendfüßler, die nur 0,5 cm langen, relativ hell gefärbten sogenannten Zwergfüßler, haben sich besonders auf junge Radieschen und Rettiche spezialisiert, an denen sie sehr oft ihre Fraßspuren hinterlassen.

Die meisten an Pflanzen parasitierenden Tausendfüßlerarten kann man mit handelsüblichen Granulaten bekämpfen, die primär zum Einsatz gegen Ameisen gedacht sind.

Zwergfüßler auf Nahrungssuche

Eulenfalter und Erdraupe
(Noctuidae)

Bei den Eulenfaltern (Noctuidae), handelt es sich um eine Schmetterlingsfamilie, die mit rund 650 Arten in Mitteleuropa vertreten ist. Die meisten dieser vorwiegend dämmerungs- und nachtaktiven Arten weisen Flügelspannweiten zwischen 2 und 6 cm auf, sind schlicht gefärbt und haben sich als sehr robust erwiesen. Zu den bekanntesten und zugleich auch gefürchteten Eulenfaltern gehören die Gamma-Eule, *Phytometra gamma*, sowie die Kohleule, *Mamestra brassicae*, deren auch als Erdraupen bezeichnete Larven vor allem an Kartoffeln beziehungsweise Kohlarten parasitieren. Die Eulenfalter legen zwischen Spätfrühling und Sommer ihre Eier an den Blattunterseiten der jeweiligen Wirtspflanzen ab. Aus den Eiern schlüpfen die winzigen Larven, die zunächst auch tagsüber an den Pflanzen zu finden sind. Später verbergen sie sich zumeist tagsüber und krabbeln nur noch bei trübem beziehungsweise regnerischem Wetter sowie in den Nachtstunden auf die Pflanzen.

An Jungpflanzen können Erdraupen bereits in geringen Individuenzahlen große Schäden verursachen, denn sie beginnen oft, diese an den Wurzelhälsen abzufressen. Danach sind die Pflanzen nicht mehr in der Lage, sich zu regenerieren.

Werden ältere Pflanzen befallen, bemerkt man zunächst unregelmäßigen Lochfraß, den die Erdraupen in der Folgezeit oft soweit vorantreiben, dass danach nur die Blattrippen übrig bleiben. Werden die Erdraupen bei ihren Fraßaktivitäten gestört, rollen sie sich sofort zusammen. Zum Überwintern ziehen sich die Raupen in das Erdreich zurück, wo später auch die Verpuppung erfolgt.

Zur Bekämpfung der Erdraupen sollte man vorzugsweise ein handelsübliches Insektizid einsetzen.

Erdraupen bevorzugen Kohl und Kartoffeln.

Eulenfalter, hier die Hausmutter

Männchen des Kleinen Frostspanners

Das Weibchen des Kleinen Frostspanners ist flugunfähig.

Frostspanner
(*Operophtera brumata*, *Erannis defoliaria*)

Sowohl bei dem Kleinen Frostspanner, *Operophtera brumata*, als auch dem Großen Frostspanner, *Erannis defoliaria*, handelt es sich um Schmetterlinge aus der artenreichen Familie der Spanner (Geometridae). Allerdings steht die letztgenannte Art mehr im Fokus von Forstwirten als von Gärtnern, weil sich die Larven des Großen Frostspanners hauptsächlich vom Laub waldwirtschaftlich genutzter Bäume, wie etwa Birken, Buchen, Eichen, Ulmen und Linden, ernähren. Für den Gartenfreund wird der Große Frostspanner eigentlich nur dann interessant, wenn er in sehr seltenen Fällen seine Eier an Hainbuchen ablegt, die als Heckenstrukturen angepflanzt wurden.

Ganz anders sieht es mit dem Kleinen Frostspanner aus. Diese Art befällt nämlich nicht nur forstliche Kulturen, sondern schädigt auch sehr oft Obstbäume. Vollentwickelte männliche Frostspanner erreichen eine Flügelspanne von 20 bis 25 mm. Im Unterschied zu den monotonen, blassgelben bis gräulichen Hinterflügeln befinden sich auf den graugelben, beigebraunen oder schwach rötlichen Vorderflügeln mehrere bräunliche Querbinden. Bei den flugunfähigen Weibchen sind lediglich rudimentäre Flügel vorhanden, die eine graue bis braune Färbung aufweisen, auf denen ebenfalls dunkle Querbänder vorhanden sind. Im Herbst (häufig erst nach dem ersten Frost – wovon sich auch der charakteristische Populärname dieses Schmetterlings ableitet) beenden die Kleinen Frostspanner ihr Puppenstadium, zu dem sie sich in den Boden zurückgezogen hatten und streben zur Erdoberfläche empor. In der darauf folgenden Nacht fliegen die Männchen auf der Suche nach Weibchen oft auch in Obstplantagen und Gärten herum. Die Weibchen haben wiederum die Zeit genutzt, um bis in die Baumkronen zu kriechen, wo die Paarung erfolgt. Anschließend legen sie ihre Eier in Borkenritzen und/oder Knospenschuppen. Sobald im Frühjahr die Knospen aufbrechen, schlüpfen auch die grünlichen Larven aus den Eiern. Ein Teil dieser Larven bildet feine Spinnfäden aus, mit deren Hilfe sie sich vom Wind auf andere Gehölze driften lassen, während die restlichen sofort damit beginnen, die Blätter, Blüten und später auch die sich entwickelnden Früchte des jeweiligen Wirtsbaums anzufressen. Dabei hinterlassen sie zunächst an den Blättern und Blüten vielgestaltige Löcher und an den Früchten, die bald darauf verkrüppeln, kleine muldenartige Vertiefungen. Später werden die zerfressenen Blätter von den Larven noch zusammengesponnen. Bei einer sehr hohen Individuendichte kann die Nahrung für die Larven sogar so knapp werden, dass diese die Obstbäume völlig kahl fressen.

Ende Mai beenden die Larven ihre Fressphase und begeben sich zur Verpuppung ins Erdreich.

Um einen Befall der Bäume durch Frostspanner weitgehend zu vermeiden, hat es sich als sehr zweckmäßig erwiesen, die Stämme mit Leimringen zu ummanteln. Kommt es durch »Anfluglarven« trotzdem zu einem Befall, sollte sofort ein wirksames, im Fachhandel erhältliches Spritzmittel eingesetzt werden.

Raupe des Großen Frostspanners

Versponnenes Blatt, Schadbild beim Kleinen Frostspanner

Kohlweißlinge

(Pieris)

Bei diesen Schmetterlingen unterscheidet man zwischen dem Großen Kohlweißling, *Pieris brassicae*, und dem Kleinen Kohlweißling, *Pieris rapa*. Letzterer erreicht eine Vorderflügellänge von knapp 3 cm und ähnelt in seiner Grundfärbung weitgehend dem Großen Kohlweißling, dessen Vorderflügel 3,3 cm messen. Besonders markant sind bei diesen Schmetterlingen die schwarzen Bereiche an den Vorderflügeln sowie einige ebenfalls schwarze Punkte auf den Flügeloberseiten. Beide Weißlingsarten haben sich als sehr vermehrungsfreudig erwiesen und können pro Jahr bis zu drei Generationen hervorbringen. Nach einem milden Winter schlüpft die erste Generation bereits Mitte April.

Die Puppen haben die kalte Jahreszeit in Borkenritzen, Mauern und Holzstapeln überdauert. Danach sind die Weibchen bestrebt, ihre gelblichen Eier an den Unterseiten von Kreuzblütengewächsen, im Garten vor allem an Kohlarten, abzulegen. Die daraus schlüpfenden Larven, die im Volksmund fast nur als Raupen bezeichnet werden, beginnen sofort an den Blättern der Wirtspflanzen zu fressen, wobei sie einen enormen Appetit entwickeln.

Während die Larven des Großen Kohlweißlings auf ihrem grünen Körper schwarze Flecken und gelbe Längsstreifen haben, befinden sich auf dem grünen Körper der Larven

Larve des Großen Kohlweißlings

des Kleinen Kohlweißlings nur helle, ins Gelblichgraue tendierende Streifen. Wenn sie in hohen Individuendichten auftreten und nicht bekämpft werden, lassen die Larven an den befallenen Pflanzen oft nur die Blattrippen übrig. Kohlweißlinge können auf recht unterschiedliche Art bekämpft werden. So ist in kleineren Gärten oder falls diese Schädlinge nur auf wenigen Kulturen vorhanden sind, ein Ablesen der Larven und Eier per Hand möglich. Bei stärkerem Befall ist eine Spritzung mit einem Insektizid ratsam. Eine derartige Spritzung kann auch prophylaktisch erfolgen, wobei man aber besser ein Pflanzenschutznetz, das ein Ablegen der Eier verhindert und gleichzeitig die Umwelt schont, über die Kultur spannen sollte.

Der Große Kohlweißling ist von Nordafrika bis Skandinavien anzutreffen.

Kohlmotte
(Plutella xylostella)

Die auch als Kohlschabe bezeichnete Kohlmotte ist ein Kleinschmetterling, der auf seinen ausgefranst wirkenden Vorderflügeln ein dunkelgraues, am Hinterrand hellgelbes Wellenlinienmuster aufweist. Obwohl die Hauptschäden zwischen Juli und August verursacht werden, erscheint dieser Schmetterling in milden Jahren bereits Ende April. Die Weibchen legen an den Unterseiten der Blätter ihre Eier ab, aus denen bereits nach wenigen Tagen die grünlichen Larven schlüpfen. Diese beginnen sofort an den Blättern zu fressen, wobei sie Minier- und Fensterfraß verursachen.

Schadbild und Larve der Kohlmotte

An Blumenkohl und Brokkoli werden zusätzlich die Blumen und am Kohlrabi die Knollen geschädigt. Außerdem parasitieren die Larven der Kohlmotte auch an Meerrettich, Radieschen, Rettich und weiteren Kreuzblütengewächsen.

Geschädigtes Blatt mit Minierfraß

Die Verpuppung der Larven erfolgt in einem netzartigen Kokon an den Blättern der Wirtspflanzen. Zwei Wochen später schlüpfen daraus bereits voll entwickelte Schmetterlinge, die ihrerseits sofort wieder Eier an geeigneten Pflanzen ablegen, sodass pro Jahr zwei bis drei Kohlmottengenerationen auftreten können.

Das Tückische an diesem Schmetterling ist die Tatsache, dass er oft jahrelang nur in sehr geringen Individuenzahlen auftritt und folglich keine sonderlich großen Schäden verursacht. Aber in größeren zeitlichen Abständen kommt es immer wieder zu einem Massenauftreten und dann sind die verursachten Schäden sehr beachtlich. Wenn man die Beete mit Pflanzenschutznetzen abdeckt, besteht für die Kohlmotte keine Möglichkeit zur Eiablage. Haben sich Larven dagegen schon auf einer Kultur etabliert, kann man diese mit einem Insektizid erfolgreich bekämpfen.

Möhrenfliege
(Psila rosae)

Bei der Möhrenfliege handelt es sich um ein Insekt, dessen Larven nicht nur in Möhren, sondern gelegentlich auch in Sellerie, Petersilie, Pastinak, Dill und Kümmel parasitisch leben.

Die Möhrenfliege bringt jährlich zwei (in seltenen Fällen auch drei) Generationen hervor, wobei die Exemplare der ersten Generation aus den Puppen stammen, die im Erdreich überwintert haben. Diese Fliegen erscheinen zwischen Mitte Mai und Anfang Juni. Dagegen konzentriert sich die Flugzeit der zweiten Generation auf den August. Die Vertreter beider Generationen legen ihre Eier entweder in Erdspalten zwischen den Möhrenpflanzen oder direkt an deren Wurzelhälsen ab, damit die etwa acht Tage später schlüpfenden Larven möglichst über die Wurzeln in die Körper ihrer Wirtspflanzen eindringen können. Nach dem Befall beginnen sich die Blätter der Möhren rötlich zu verfärben und sterben später ab. In den Möhrenkörpern verursachen die 7 bis 8 mm langen, gelblichweißen Larven flache, zumeist offene, rostbraune Fraßgänge. Gewöhnlich sind es nicht die Maden der ersten, sondern der zweiten Generation, die an den Möhren die größten Schäden verursachen.

Die beste Prophylaxe zur Abwehr von Möhrenfliegen besteht darin, entweder vor oder unmittelbar nach dem Auflaufen der Saat ein Schutznetz über das Beet zu decken. Licht, Luft und Wasser können weitgehend ungehindert durch dieses Netz dringen, sodass man es während des gesamten Kulturzeitraums nicht entfernen muss. Wer seine Möhren nicht mit einem derartigen Netz abdecken möchte, sollte wenigstens die Reihenabstände zwischen den Möhren so groß wählen, dass diese sich mit ihrem Laub nicht gegenseitig berühren und dadurch der Möhrenfliege die Ansiedlung erleichtern. Außerdem dürfen Möhrenkulturen weder frischen Kompost noch Stalldung erhalten, weil auf diese Weise ebenfalls der Befall durch die Möhrenfliege gefördert würde. Ergänzend bietet sich ein Streugranulat an, das sehr eng neben den Möhren ausgebracht werden muss. Sobald die Larven mit diesem Präparat in Kontakt kommen, sterben sie ab. Bei einigen Streumitteln besteht sogar die Möglichkeit, sie bereits kurz vor der Aussaat ins Erdreich einzuarbeiten.

Larve der Möhrenfliege

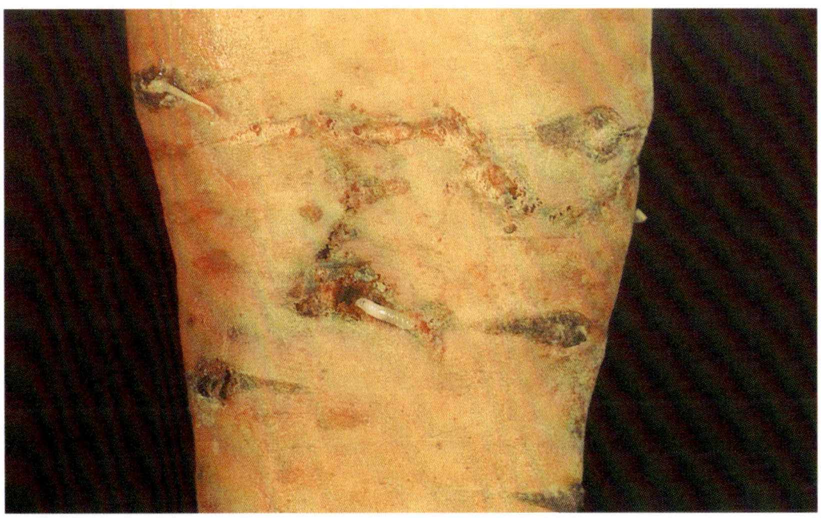

Möhre mit den Fraßgängen der Larven

Erdflöhe
(Psylliodes)

Die Erdflöhe, die an landwirtschaftlichen und gärtnerischen Nutzpflanzen oft große Schäden verursachen, bilden innerhalb der Familie der Blattkäfer (Chrysomelidae) eine eigenständige Gattung.

Erdflöhe werden bis 4 mm groß und haben eine blauschwarz glänzende oder gelb gestreifte Körperfärbung. Ihre Populärbezeichnung basiert auf der Tatsache, dass diese Insekten aufgrund ihres außerordentlich gut entwickelten hinteren Beinpaares hervorragend springen können. Besonders häufig sind diese Schädlinge an Kohlarten, Meerrettich, Radieschen, Rettichen und Gurken zu finden. Schäden werden dabei sowohl durch die erwachsenen Käfer als auch durch ihre im Boden lebenden Larven verursacht. Letztere fressen an den Wurzeln der Pflanzen, während sich die erwachsenen Exemplare auf die Blätter und zarte Stängel spezialisiert haben. Oftmals werden von den Erdflöhen schon die Keimblätter der auflaufenden Saat so stark siebartig durchlöchert, dass diese abstirbt. An etwas älteren Pflanzen erfolgt gewöhnlich ein so genannter Fensterfraß, bei dem die Blätter kleine, ein bis zwei Millimeter große, rundliche Löcher aufweisen, wobei die obere und untere Blatthaut fast immer erhalten bleibt. Erdflöhe bevorzugen trockenes, warmes Erdreich, das mehr oder weniger verkrustet ist. Regelmäßiges Gießen und Hacken der Beete trägt zum Rückgang dieser Schädlinge beziehungsweise zu einer geringeren Besiedlungsdichte bei. Außerdem hat sich das Vergießen einer aus Wermut, Brennnesseln oder Rainfarn hergestellten Pflanzenjauche bewährt. Liegt aber schon ein intensiver Befall vor, sollte man die Erdflöhe mit einem Insektizid bekämpfen.

Larven des Erdflohs

Reblaus

(Pylloxera vastatrix)

Vor allem in Gegenden, in denen intensiver Weinbau betrieben wird, kann an relativ alten (nicht resistenten) Rebstöcken gelegentlich die zur Familie der Zwergläuse (Pylloxeridae) gehörende Reblaus (Synonym: *Viteus vitifolii*) auftreten. Von diesem Schadinsekt gibt es sowohl eine unter- als auch eine oberirdisch lebende Form. Allerdings treten in regelmäßigen Zyklen Zwischenformen auf, wodurch eine Isolierung der Populationen verhindert wird und somit gleichzeitig die Möglichkeit für einen kontinuierlichen Genaustausch vorhanden ist. Dieser komplizierte Entwicklungskreislauf der Rebläuse ist schematisch in der nebenstehenden Abbildung dargestellt.

Aus den sogenannten Winter-Eiern (1) schlüpfen zwischen Ende April und Mitte Mai die Mai-Gallenläuse (2), die sofort auf die zuletzt geschobenen Blätter der Weinreben wandern. Unmittelbar nach dem Erreichen stechen die Mai-Gallenläuse diese Blätter an, worauf die betreffenden Stellen einsinken und in der Folgezeit das Insekt umwachen. In die dabei entstehenden, gallenartigen Ausbuchtungen legt jede Mai-Gallenlaus 900 bis 1200 Eier (3), aus denen nach 8 bis 10 Tagen die Jungläuse (4 bis 6) schlüpfen. Letztere verlassen kurz darauf die Brutkammer, um entweder zur Wurzel oder zu den Triebspitzen des Weinstocks zu wandern. Diejenigen Exemplare, die sich zur Triebspitze bewegen, verursachen als Blattrebläuse weitere Gallen (5). Aus den

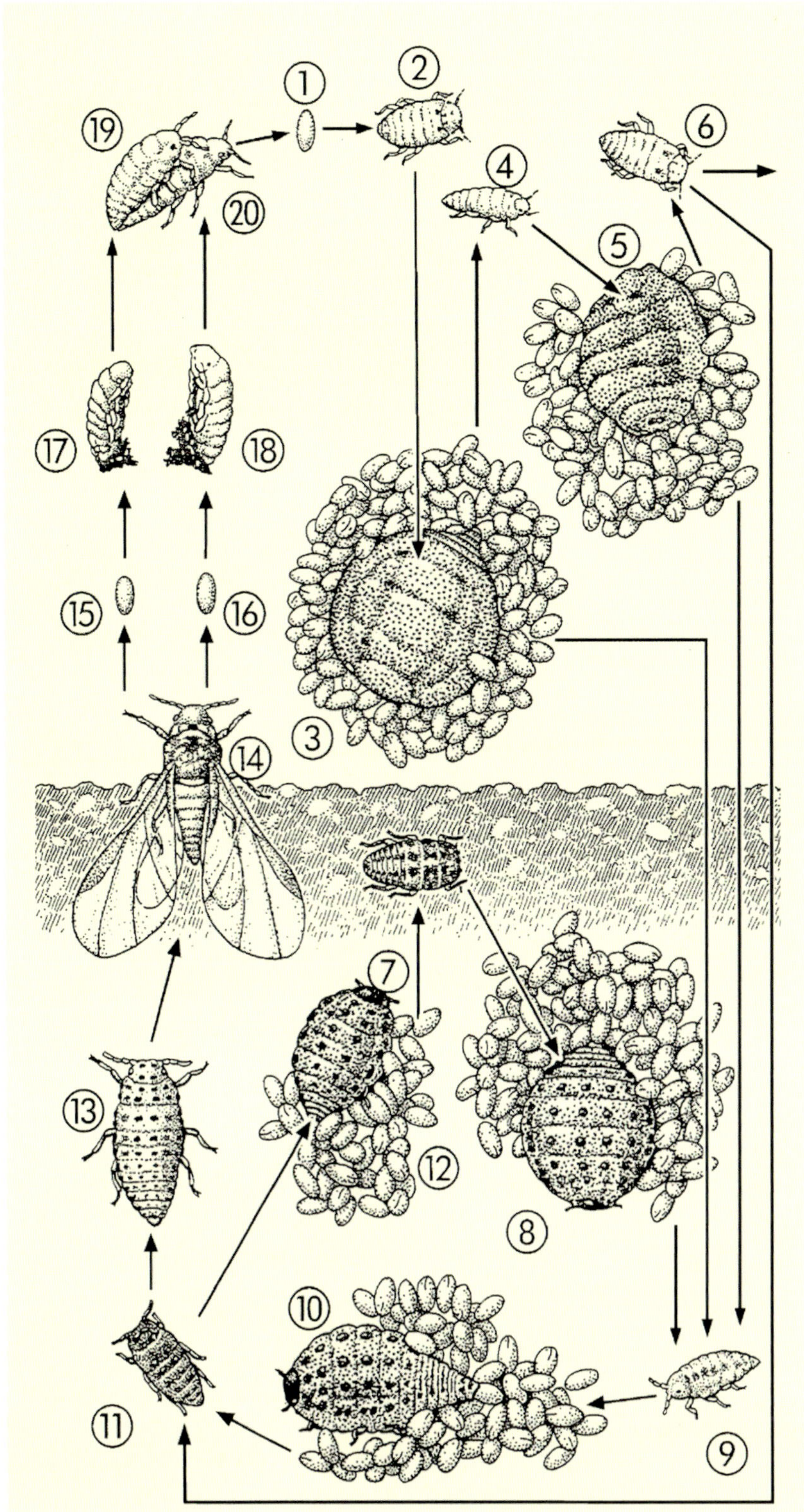

Schematischer Entwicklungsszyklus der Reblaus

Von Rebläusen befallenes Blatt mit Gallen

Reblausgelege in einer Galle

Exemplaren, die am Rebstock hinunter gewandert sind, entstehen berüsselte Läuse (9), die wiederum Wurzelrebläuse (10) hervorbringen, die ihre zahlreichen Eier an den Wurzeln der Pflanze ablegen.

Zu den wichtigsten Aufgaben der berüsselten Sommerwurzelrebläuse (11) gehört es, Eier zu legen (12) und Exemplare hervorzubringen, die eine Übergangsform (13) zur geflügelten Laus (14) darstellen, die der Volksmund auch Reblausfliege nennt. Letztere legt Eier (15, 16) an den Weinstöcken ab, aus denen männliche und weibliche Rebläuse (17, 18) hervorgehen. Nach vollzogener Paarung produzieren diese Weibchen ihre Winter-Eier (19, 20). Eine weitere Funktion der berüsselten Sommerwurzelrebläuse besteht darin, als Basispopulation für die im Boden überwinternden Jungläuse (7) zu dienen, aus denen über die Zwischenstufe der Winterwurzelrebläuse (8) erneut berüsselte Läuse hervorgehen. In klimatisch günstigen Jahren sind oftmals 4 bis 5 Blattreblausgenerationen zu beobachten. Diese können im Zusammenspiel mit den Wurzelrebläusen die Weinpflanzen derartig stark schädigen, dass nicht nur enorme Wachstumsdepressionen auftreten, sonder darüber hinaus auch das Holzreifen beeinträchtigt wird. Einen Befall durch Blattrebläuse erkennt man anhand der kugelähnlichen offenen Gallen, die mitunter die Größe eines Kirschkerns erreichen. Diese Gallen sind immer von feinen Härchen umgeben und befinden sich auf den Oberseiten der Blätter.

Haben sich Wurzelrebläuse am Weinstock eingenistet, entwickelt dieser nur kleine, gelblich gefärbte Blätter und wirkt insgesamt sehr schwächlich. Außerdem rufen die Läuse an den Wurzeln knollenartige Wucherungen sowie Verdickungen hervor. Bemerkenswert ist in diesem Zusammenhang noch die Tatsache, dass Wurzelrebläuse stark sandhaltige Böden weitgehend meiden. Während sich die Blattrebläuse durch Spritzpräparate vernichten lassen, gibt es gegen die Wurzelrebläuse bislang noch kein erfolgversprechendes Präparat. Beim Neuerwerb von Weinstöcken sollte man darauf achten, dass eine reblaustolerante Veredelungsgrundlage, zum Beispiel *Vitis riparia, V. berlandieri, V. rupestris, V. cinerea* oder *Vitis amurensis* Verwendung fand, auf die einheimische Edelreiser gepfropft wurden.

Reblausbefall gehört zur Kategorie der meldepflichtigen Pflanzenkrankheiten.

Geschädigte Wurzeln

San-Jose-Schildlaus
(Quadraspidiotus pernicciosus)

Bei der San-Jose-Schildlaus handelt es sich um einen Parasiten, der oft Obstgehölze befällt, wobei Apfel-, Birnen-, Kirsch-, und Pflaumenbäume sowie Johannisbeerbüsche bevorzugt werden. Diese zu den Pflanzenläusen (Sternorrhyncha) gehörenden Insekten sind fast vollständig mit buckelähnlichen Schilden bedeckt und sitzen verhältnismäßig starr an den Pflanzen. Sie schädigen sowohl die Früchte, die Blätter als auch die Zweige, indem sie diesen wertvollen Pflanzensaft entziehen. Dabei entstehen rötliche, linsengroße Flecken, in deren Zentren man die Schädlinge als graue, etwa stecknadelkopfgroße Gebilde wahrnimmt. Bei massenhaftem Auftreten verursacht die San-Jose-Schildlaus an den Früchten häufig eine schorfige, graue Kruste. Außerdem kann die Borke stellenweise reißen.

San-Jose-Schildläuse überwintern als Larven an den Gehölzen. Sobald es wieder wärmer wird, bringen die halberwachsenen Tiere hunderte von Nachkommen zur Welt, die sich ihrerseits oft schon nach wenigen Wochen reproduzieren, sodass pro Jahr bis zu fünf Schildlausgenerationen auftreten können. Größere Schildlauskolonien kann man vorsichtig von befallenem Holz abbürsten und anschließend vernichten. Des Weiteren eignen sich Spritzmittel zur Bekämpfung, von denen die meisten ölige Substanzen enthalten, unter denen die Schildläuse ersticken.

Prophylaktischer Schutz lässt sich außerdem durch einen Anstrich der Gehölze mit Kalk erreichen.

San-Jose-Schildläuse auf einem Blatt

Kirschfruchtfliege
(Rhagoletis cerasi)

Bei der zur Familie der Bohrfliegen (Tephritidae) gehörenden Kirschfruchtfliege handelt es sich um den häufigsten tierischen Schädling der Süßkirschen.

Gelegentlich parasitieren die im Volksmund fast nur als Maden bezeichneten weißlichen Larven dieses Insekts aber auch in den Früchten von Sauer-, Hecken- und Traubenkirschen sowie von Schneebeeren. Kirschfruchtfliegen erreichen Körperlängen von 3,5 bis 5 mm und besitzen einen schwarzen Körper, auf dessen Kopf und Rückenregion sich einige gelbe Pünktchen verteilen. Ihre Flügel sind durchsichtig und werden von vier schmalen, schwarzblauen Streifen durchzogen.

Geschädigte Früchte, links mit Einstichstelle

Kirschfruchtfliege

Die Flugzeit der Kirschfruchtfliegen konzentriert sich auf die Monate Mai bis Juli. An warmen Tagen fliegen diese Insekten auf die Blätter und Früchte ihrer Wirtsbäume, um Pflanzensaft zu saugen. Oftmals legen die Weibchen unmittelbar danach ihre Eier in den noch nicht ausgereiften Früchten ab.

Aus den Eiern schlüpfen nach rund einer Woche die Larven, die sich in der Folgezeit vom Fruchtfleisch ernähren und dabei viel Kot ausscheiden. Dadurch beginnen die Früchte, die am Stielansatz einen braunen, mehr oder weniger eingesunkenen Bereich aufweisen, allmählich zu faulen und fallen später meistens vom Baum. Nach rund einem Monat verlassen die Larven die Frucht und begeben sich zum Verpuppen ins Erdreich.

Ein chemisches Präparat zur Bekämpfung der Kirschfruchtfliege ist nicht vorhanden. Stattdessen kann man gelbe Leimtafeln in den Bäumen aufhängen, sobald bei den anfangs noch grünen Kirschen eine zarte Gelbfärbung einsetzt. Des Weiteren bietet der Handel auch spezielle Kirschfliegenfallen an. Bei der Neuanpflanzung von Kirschbäumen sollte man sich vorzugsweise für frühe Sorten entscheiden, weil die dann zeitiger reifenden Früchte den Kirschfruchtfliegen einen wesentlich engeren Spielraum zum Ablegen der Eier bieten.

Johannisbeerglasflügler
(Synanthedon typoliformis)

Der Johannisbeerglasflügler ist ein kleiner Schmetterling, der mit seinem gelb-schwarz gestreiften Körper allerdings mehr an eine Wespe als an einen Falter erinnert. Seine Flugzeit, in der die Weibchen auch ihre Eier an den Knospen der Triebspitzen oder an offenen Wunden ablegen, konzentriert sich auf die Monate Mai und Juni. Aus diesen Eiern schlüpfen nach 10 bis 14 Tagen die Larven, die sich sofort ins Holz der Johannisbeeren fressen. Die befallenen Triebe schlagen dann im Frühjahr nur spärlich aus, fangen später an zu welken und sterben schließlich ab. Wenn man einen Zweig längs anschneidet, erkennt man den mit feinkrümeligem Kot gefüllten Bohrgang sowie die darin befindliche weiße, leicht behaarte Larve. Gelegentlich tritt auch etwas Kot aus den Bohrloch aus, über das die Larve in den Trieb eingedrungen ist.

Die Larven verpuppen sich auch in den Trieben, um so die kalte Jahreszeit zu überdauern. Im folgenden Frühjahr verlassen sie dann den Trieb als vollentwickeltes Insekt.

Im Fachhandel wird gegenwärtig noch kein Präparat angeboten, mit dem sich der Johannisbeerglasflügler wirksam prophylaktisch oder direkt bekämpfen lässt. Deshalb besteht die einzige Möglichkeit darin, die betroffenen Triebe abzuschneiden und anschließend zu verbrennen. Aufgrund ihres sehr guten Regenerationsvermögens überstehen die Johannisbeersträucher diese Rückschnitte fast immer problemlos.

Der Johannisbeerglasflügler ist auffällig schwarz-gelb gestreift.

Larve des Johannisbeerglasflüglers

Feines, von Spinnmilben verursachtes Gespinst am Stängel eines Blattes

Spinnmilben
(Tetranychidae)

Innerhalb der Ordnung der Milben (Acari) verkörpern die Spinnmilben, die volkstümlich auch oft als Rote Spinnen bezeichnet werden, eine eigenständige Unterordnung. Es handelt sich dabei um sehr kleine, Pflanzensaft saugende Tiere, die man am besten mithilfe einer Lupe erkennt.

Spinnmilben vermehren sich nicht nur in einem rasanten Tempo, sondern breiten sich auch sehr schnell aus. Dabei wirken sich eine hohe Luftfeuchtigkeit sowie warme Temperaturen begünstigend auf ihre Entwicklung aus.

Bei einem Spinnmilbenbefall treten Anfang Juni hauptsächlich auf den Blattoberseiten von Tomaten, Gurken und Bohnen helle Sprenkelungen auf. Werden diese Blätter umgedreht, entdeckt man an ihren Unterseiten gespinstartige Beläge, in denen sich sowohl die erwachsenen gelblichen, orangefarbenen oder rötlichen Milben als auch deren Larven und Eier befinden. Wird nichts unternommen, werden die Blätter mit fortschreitender Zeit immer blasser. Später zeigen sie verwelkte Bereiche und sterben schließlich gänzlich ab.

Bemerkenswerterweise befallen die Spinnmilben oft erst Unkräuter, die gelegentlich im Garten stehen. An diesen bauen sie größere Populationen auf und wandern dann zu den Nutzpflanzen. Deshalb ist es wichtig, den Garten so unkrautfrei wie möglich zu halten, um auf diese Weise den Spinnmilben keine Ansiedlungsmöglichkeiten zu bieten.

Zur Bekämpfung der Spinnmilben werden als Hausmittel oft Schachtelhalmjauche oder ein Sud aus Knoblauch und Zwiebelschalen (manchmal noch mit Gesteinsmehl versetzt) verwendet. Bei einem stärkeren beziehungsweise großflächigen Befall ist es jedoch ratsam, die Schädlinge mit einem handelsüblichen Spritzmittel zu bekämpfen.

Spinnmilbe an einer Blattunterseite

Blasenfüße
(Thysanoptera)

Bei den auch als Fransenflügler bezeichneten Blasenfüßen oder Thripsen (Synonym: Physoptera), handelt es sich um eine artenreiche Insektenordnung, deren Vertreter häufig sowohl an Freiland- als auch Gewächshauskulturen parasitieren.

Neben verschiedenen Gemüsearten wie Zwiebeln, Porree, Weiß- und Rotkohl, Erbsen, Bohnen, Tomaten und Gurken werden auch Blumen, wie etwa Dahlien und Gladiolen, befallen. Dabei wirkt sich trockene Witterung sehr stimulierend auf die Entwicklung und Vermehrung dieser Schädlinge aus. Deshalb bilden die Blasenfüße in milden Jahren auch fast immer mehrere Generationen. Ein Befall dieser Pflanzensaft saugenden Insekten äußert sich vor allem in deformierten Blüten und Blättern, die allmählich braun werden und später absterben. Oftmals erkennt man an den Pflanzen auch silbrig glänzende Saugspuren, die bald darauf eine korkartige Konsistenz annehmen. Außerdem befinden sich auf den Blättern und Blüten fast immer winzige schwarze Kotflecken. Blasenfüße kann man auf verschiedene Weise bekämpfen. So trägt bereits ein tiefgründiges Umgraben der Beete im Herbst dazu bei, die Populationen kräftig auszudünnen, weil dabei viele Larven an die Oberfläche gelangen und bei kühler Witterung zugrunde gehen. Des Weiteren hilft die Ansiedlung von Fressfliegen, wie etwa Florfliegen (beispielsweise durch Insektenhotels), die Anzahl der Thripse zu reduzieren. Als Hausmittel hat sich auch Seifenlauge bewährt, mit der man die befallenen Pflanzen besprüht. Eine noch bessere Wirkung lässt sich allerdings mit handelsüblichen Spritzmitteln erzielen. Als ergänzende Bekämpfungsmöglichkeit kann man noch leuchtend gelbe Leimtafeln aufhängen, denn diese Farbe übt eine sehr große Anziehungskraft auf die meisten Blasenfuß-Arten aus.

Blasenfüße werden auch als Fransenflügler bezeichnet.

Schnaken
(Tipulidae)

Schnaken gehören zu der Insektenfamilie der Zweiflügler (Diptera). Die bekanntesten Vertreter dieser Familie dürften die Kohlschnake, *Tipula oleracea*, und die Wiesenschnake, *T. paludosa*, sein. Während sich die Flugzeit der erstgenannten Art von April bis Juni erstreckt, tritt die Wiesenschnake hauptsächlich von August bis Oktober auf.

Die erwachsenen Exemplare leben vor allem von Nektar sowie anderen problemlos zugänglichen Pflanzensäften und richten im Rahmen der Nahrungsaufnahme keine Schäden an. Ganz anders verhält es sich jedoch mit dem Nachwuchs dieser Insekten. Aus den Eiern, die die Weibchen mithilfe eines sogenannten Legebohrers bevorzugt in feuchtem, humusreichem Boden deponieren, schlüpfen nach einigen Tagen die walzenförmigen, zumeist grau gefärbten Larven, die landläufig auch als Wiesenwürmer bezeichnet werden. Diese beginnen sofort, an den Wurzeln, beispielsweise von Kohlpflanzen, Rasen und Kartoffeln, zu fressen. Falls die Wiesenwürmer in hohen Individuendichten von etwa 100 bis 400 Exemplaren pro Quadratmeter auftreten, fügen sie den Pflanzen oft sehr beträchtliche Schäden zu.

Schnake, Schaden verursachen nur die Larven.

Die Larven verbleiben an sonnigen Tagstunden im Erdreich und konzentrieren sich dann auf das Abfressen der Wurzeln, während sie bei feuchtem Wetter sowie nachts häufig aus dem Boden kriechen, um die oberirdischen Pflanzenteile zu vertilgen. Die befallenen Pflanzenbestände beginnen, in nesterartigen Formationen (dort, wo die Wiesenwürmer an den Wurzeln fressen) zu kümmern und zeigen mit fortschreitender Zeit Welkeerscheinungen. Außerdem knicken in diesem Stadium auch viele Pflanzen um.

Nach Einbruch der Dunkelheit kann unter Zuhilfenahme einer Taschenlampe eine Bekämpfung der Wiesenwürmer auf kleineren Flächen erfolgen, indem man diese Tiere per Hand einsammelt. Bei stärkerem Befall bleibt normalerweise nichts anderes übrig, als das Beet beziehungsweise das verkümmerte Rasenstück umzugraben und dabei das Gros der Wiesenwürmer einzusammeln. Anschließend kann eine Neubepflanzung oder -saat erfolgen.

Die Mittlere Wespe ähnelt der Hornisse und legt ihr Nest meist in Hecken an.

Wespen
(Vespinae)

Bei den Echten Wespen, die landläufig nur als Wespen bezeichnet werden, handelt es sich um eine Unterfamilie der Faltenwespen (Vespidae), die in Mitteleuropa mit elf Arten vertreten ist, wobei die Gemeine Wespe, *Vespula vulgaris*, und die Deutsche Wespe, *Vespula germanica*, besonders häufig auftreten. Nebenbei sei noch bemerkt, dass auch die Hornisse, *Vespa crabro*, zu dieser Unterfamilie gehört.

Während die erwachsenen Wespen ihre Larven vorwiegend mit dem Fleisch toter oder erbeuteter Tiere ernähren, nehmen sie selbst oft Pflanzenpollen und vor allem zuckerreiche Pflanzensäfte auf. Um an diese zu gelangen, fressen die Wespen oftmals große Höhlungen in die unterschiedlichsten, reifen Früchte, wobei sie Pflaumen, Pfirsiche, Birnen, süße Apfelsorten und Weinbeeren bevor-

Die Deutsche Wespe nutzt oft Maulwurfs- oder Mäusebaue für ihre unterirdischen Nester.

Feldwespen gehören auch zur Familie der Faltenwespen.

zugen. Durch den Duft von süßen Speisen angelockt, fliegen die Deutschen Wespen sowie die Gemeinen Wespen gern in menschliche Behausungen, wo sie sich beispielsweise auf (Obst-) Kuchen, Säften und Fruchtbonbons niederlassen, um daran zu fressen. Bei derartigen Aktionen übertragen diese Insekten zuweilen auch für den Menschen schädliche Bakterien und Salmonellen.

Fühlt sich eine Wespe bedroht oder in die Enge getrieben, wehrt sie sich durch einen Stich mit ihrem Stachel, wobei sie ein schmerzendes Gift überträgt, das bei manchen Menschen sogar allergische Reaktionen auslöst.

Nicht selten errichten die Wespen ihre Nester an oder in vom Menschen häufig genutzten Gebäuden, wie etwa Schuppen und Gartenlauben. Diese Nester können in Abhängigkeit von der jeweiligen Wespenart unterschiedlich groß sein und bestehen aus einer papierähnlichen Masse, die die Wespen durch Zerkauen von morschem, trockenem Holz produzieren.

Vor allem größere Wespennester sollten ausschließlich von fachkundigen Personen beseitigt werden, denn sonst kann es zu äußerst unangenehmen Stichattacken durch diese Insekten kommen, die ihre Brutstätte zumeist sehr energisch verteidigen.

Um vor allem im Spätsommer die Wespen wenigstens von Lauben, Terrassen und sonstigen Plätzen fernzuhalten, die zum Ausruhen und Entspannen dienen, kann man eine oder mehrere handelsübliche Wespenfallen aufhängen, durch die diese Tiere angelockt und dabei in sichere Verwahrung genommen werden. Die Früchte von relativ klein bleibenden Obstgehölzen lassen sich vor Wespenfraß schützen, indem man kurz vor dem Eintritt der Fruchtreife die gesamte Baumkrone mit einem feinmaschigen Netz überspannt.

Ein Wespennest besteht aus einem papierähnlichen Material.

Apfel-Gespinstmotte
(Yponomeuta malinellus)

Bei der Apfel-Gespinstmotte handelt es sich um einen schlanken, dämmerungs- und nachtaktiven Falter aus der Familie der Gespinst- oder Knospenmotten (Yponomeutidae). Die Flügelspannweite kann 16 bis 22 mm betragen. Der Kopf und die Vorderflügel dieses Schmetterlings zeigen eine weiße Färbung, wobei sich auf den Vorderflügeln mehrere, unregelmäßig verteilte, schwarze Pünktchen befinden. Im Unterschied dazu sind die Hinterflügel grau und unpunktiert.

Die Flugzeit der Apfel-Gespinstmotte erstreckt sich von Ende Juni bis August. Während dieser Zeit legen die Weibchen bis zu 150 Eier an den Zweigen von Apfelbäumen ab. Unmittelbar nach der Eiablage bedecken sie jedes Gelege mit einer gelben, schleimigen Substanz, die schnell aushärtet und als Schutz gegen Regen sowie Fressfeinde dienen soll. Mit der Zeit nimmt diese Schutzschicht eine rötliche und später braune Färbung an. Etwa 14 Tage nach der Eiablage schlüpfen die auch als Eiraupen bezeichneten Larven, die ihre schützende Abdeckung aber nicht verlassen, sondern darunter überwintern.

Im folgenden Frühjahr kriechen die hellgrau-gelben Larven unter diesen Abdeckungen hervor und beginnen, intensiv an den Knospen und Blättern zu fressen. Gleichzeitig errichten sie Gespinstnester, in die auch zwei miteinander verbundene Blätter mit eingebaut werden. Jedes dieser Nester kann bis zu 300 Larven enthalten.

Apfel-Gespinstmotte, die Zeichnung der Vorderflügel ist gut zu erkennen.

Larven der Apfel-Gespinstmotte

Im ausgewachsenen Zustand verpuppen sich die Larven in weißlichen Seidenkokons, die eng neben die einstigen Gespinstnester aufgehängt werden. Die Apfel-Gespinstmotte tritt zwar nicht immer und überall auf – aber wenn es zu einem Befall kommt, ist dieser meist sehr massiv. Im Extremfall werden sogar die betreffenden Bäume fast kahl gefressen.

Wenn kein starker Befall vorliegt, besteht die Möglichkeit, die vereinzelten Gespinste herauszuschneiden und anschließend zu verbrennen. Bei starkem Befall hilft allerdings nur eine Bekämpfung mit einem Insektizid. Diese als Spritzung durchgeführte Bekämpfung muss aber erfolgen, solange die Gespinste noch flüssigkeitsdurchlässig sind.

Das Auftreten der Apfel-Gespinstmotte lässt sich auch eindämmen, indem man die Entwicklung von Schlupfwespen (beispielsweise durch Insektenhotels) fördert, die an den Larven dieses Schmetterlings parasitieren.

Eine der Apfel-Gespinstmotte verwandtschaftlich sehr nahe stehende Art ist die Pflaumen-Gespinstmotte, *Yponomeuta padella*, deren Flügel grau-weißlich gefärbt sind.

Pflanzenkrankheiten und deren Bekämpfung

Kohlschwärze
(Erreger: Alternaria brassicae)

Die Kohlschwärze wird durch den mikroskopisch kleinen, im Erdreich überdauernden Pilz *Alternaria brassicae* verursacht. Obwohl dieser Pilz an allen Kohlarten (inklusive Kohlrabi) auftreten kann, ist seine Vorliebe für Blumen- und Chinakohl unverkennbar.

Alternaria brassicae dringt sowohl durch gesundes Gewebe als auch durch Wunden in die Pflanzen ein, wobei feuchtwarmes Wetter seine Entwicklung und Verbreitung begünstigt. Oftmals haftet er auch den Samen an und verursacht dann häufig Auflaufschäden. Auf den Blättern älterer Pflanzen erscheinen rundliche Flecken, die eine graue bis braune Färbung zeigen. Ein charakteristisches Merkmal dieser Krankheit besteht darin, dass die äußeren Blätter immer zuerst befallen werden. Bei intensivem Befall vergilben diese fast immer sehr schnell. Bei Blumenkohl und Brokkoli schädigt *Alternaria brassicae* im weiteren Krankheitsverlauf auch oft die Blütenstände. Um die Erregerkette zu zerstören, sollten auf Beeten, auf denen erkrankte Pflanzen standen, in den folgenden vier bis fünf Jahren keine Kohlarten angebaut werden. Außerdem sind die befallenen Kohlblätter sofort zu entfernen und anschließend zu vernichten. Darüber hinaus hat es sich als vorteilhaft erwiesen, die gesamte Kultur mit einem Fungizid zu behandeln.

Durch Kohlschwärze geschädigtes Blatt

Hallimasch

Hallimasch
(Armillaria mellea)

Der Hallimasch oder Honigpilz kann zwischen Ende September bis Anfang/Mitte Dezember in mehr oder weniger großen büschelartigen Beständen sowohl an geschwächten Obst-, Nadel- und Laubgehölzen als auch auf Baumstümpfen erscheinen.

Bei jungen Exemplaren ist der honiggelbe bis mittelbraune Hut noch rundlich, um sich anschließend auszubreiten und eine flachere Form anzunehmen. Hallimasche können einen Hutdurchmesser von rund 10 cm erreichen. Oftmals befinden sich auf der schmierig wirkenden Huthaut kleine dunkelbraune Schuppen. Die Lamellen sind mit dem bis 15 cm langen Stiel verwachsen und zeigen anfangs eine weiße und später eine rotbraune bis gelbbraune Färbung. Der gelbe bis braune Stiel wird von einem nach unten hängenden, weißen bis beigefarbenen Ring umgeben. Bei diesem handelt es sich um Reste einer Haut, die bei den jungen Hallimaschen noch die Lamellen bedeckt. Das weiße Fleisch des Hallimaschs ist im rohen Zustand giftig und schmeckt laugenartig-kratzig. Dieser Geschmack verändert sich aber beim Zubereiten, wenn das Fleisch mindestens 15 Minuten lang gekocht und anschließend scharf gebraten wird. Dann schmeckt der Hallimasch angenehm mild. Durch sein Schmarotzertum schädigt dieser Pilz die befallenen Gehölze so stark, dass diese in der Folgezeit fast immer absterben. Charakteristisch für den Hallimasch sind die sogenannten Pilzmorphen, bei denen es sich um flache, schwarze, an Schnürsenkel erinnernde Gebilde handelt, die die Wurzeln des Gehölzes infizieren und unter der Borke ein weißliches Fächermyzel bilden. Eine direkte Bekämpfung des Hallimaschs ist nicht möglich. Deshalb sollte man befallene Gehölze sofort mit den Grobwurzeln ausgraben und anschließend verbrennen. Um eine Folgeinfektion zu vermeiden, hat es sich außerdem bewährt, in den folgenden drei bis vier Jahren an dieser Stelle kein Gehölz zu pflanzen.

Im fortgeschrittenem Stadium zeigen sich auf den Blättern bräunliche Verfärbungen.

Grauschimmel
(*Botrytis cinerea*)

Beim Grauschimmel (Synonym: *Botryotinia fuckeliana*), der gelegentlich auch als Botrytis-Fruchtfäule bezeichnet wird, handelt es sich um einen Schleimpilz, der mehr als 250 Pflanzenarten befällt, darunter auch Erdbeeren, Tomaten, Gurken, Wein, Buschbohnen, Kopfsalat, Dahlien und Pfingstrosen. Dabei besiedelt *Botrytis cinerea* mit Vorliebe geschwächte und/oder unter ungünstigen Umweltbedingungen wachsende Pflanzen, wobei Lichtarmut, eine hohe Luftfeuchtigkeit sowie über mehrere Tage andauernde Regenfälle seine Entwicklung zusätzlich begünstigen. Außerdem erweisen sich für den Grauschimmel Pflanzen, die auf mit Stickstoff überdüngten Flächen stehen, als überdurchschnittlich attraktiv. Anfangs zeigen diese befallenen Exemplare glasige, später braunfaulige Stellen an Blättern, Stängeln, Blüten und Früchten, die kurz darauf von einem dichten, mausgrauen Schimmelrasen bedeckt werden.

Um einen Grauschimmelbefall weitgehend zu vermeiden, sollte man die Beete immer so gestalten, dass zwischen den einzelnen Pflanzen genügend große Abstände vorhanden sind, damit die Blätter nach Regenfällen schnell wieder abtrocknen können. Zeigen dagegen bereits einige Pflanzen erste Krankheitssymptome, sind die befallenen Teile sofort großzügig zu entfernen und anschließend in der Hausmülltonne zu entsorgen oder zu verbrennen. Gleichzeitig ist im gesamten Beet eine Behandlung mit einem handelsüblichen Präparat zu empfehlen, um so die weitere Ausbreitung des Grauschimmels zu verhindern. Den Winter überdauert das Myzel dieses Pilzes im Boden, wo es sich in faulenden Pflanzenteilen einnistet.

Grauschimmel im Endstadium auf Kopfsalat; es hat sich bereits ein dichter »Pilzrasen« entwickelt.

Auch Pfingstrosen sind für Grauschimmel relativ anfällig.

Brennfleckenkrankheit
(Erreger: Colletotrichum, Ascochyta)

Die gelegentlich auch als *Colletotrichum*-Blattfleckenkrankheit bezeichnete Brennfleckenkrankheit wird durch mikroskopisch kleine Pilze ausgelöst, die unterschiedlichen Gattungen, beispielsweise, *Ascochyta* und *Colletotrichum* angehören.

Besonders häufig werden dabei Bohnen, Erbsen, Gurken und Melonen befallen. Bei den Erbsen und Bohnen erscheinen an den Hülsen (manchmal auch an den Stängeln und Blättern) zunächst kleine eingesunkene, braune Flecken, die einen schwarzen Rand aufweisen und zunehmend größer werden. Dadurch erkranken die in den Hülsen befindlichen Samen, wobei ihre Keimfähigkeit entweder stark gemindert wird oder sogar völlig verloren geht.

Bei Gurken und Melonen erscheinen auf den Blättern relativ große, runde (gelegentlich auch zusammenfließende) helle Brennflecken, während an den Früchten und Stängeln kleinere eingesunkene Bereiche auftreten. Später beginnen die Früchte zu faulen.

Zu dicht stehende Kulturen wirken sich begünstigend auf die Entwicklung und Ausbreitung der Brennfleckenkrankheit aus, denn die Sporen werden nicht nur durch den Wind, sondern auch durch Regenspritzer übertragen. Weil die Erreger die kalte Jahreszeit am im Boden befindlichen, pflanzlichen Rückständen überdauern, muss nach einer Erkrankung auf dem betroffenen Beet unbedingt eine mindestens zwei- bis dreijährige Anbaupause mit den entsprechenden Wirtspflanzen erfolgen.

Eine aktive Bekämpfung der Brennfleckenkrankheit ist mit speziellen Fungiziden möglich.

Brennfleckenkrankheit an Bohnen

Feuerbrand
(Erreger: Erwinia amylovara)

Der Feuerbrand präsentiert sich als eine der gefährlichsten Gehölzerkrankungen, die vor allem bei Kernobst, wie Apfel-, Birn- und Quittenbäumen, auftritt und durch das Bakterium *Erwinia amylovara* verursacht wird. Dieses Bakterium ist zwar für Menschen völlig harmlos, aber letztere können, genau wie jedes andere Lebewesen beziehungsweise jeder beliebige Gegenstand, als Überträger fungieren. Als Eintrittspforten dienen diesen Bakterien sowohl die Spaltöffnungen in den Blättern als auch Wunden, die durch unsachgemäße Behandlung oder Tierfraß an den Obstbäumen entstehen können. Besonders gefährlich erweist sich dabei ein Befall im Frühsommer, wenn ein feuchtwarmes Wetter herrscht. Unter derartigen Bedingungen vermehrt sich *Erwinia amylovara* in einem rasanten Tempo. In der Folgezeit verwelken die Blätter und Blüten, wobei sie eine bräunliche bis schwarze Färbung annehmen. Außerdem sondern die ebenfalls in Mitleidenschaft gezogenen Zweige und Äste tröpfchenweise eine milchige, zähe Flüssigkeit ab. Gleichzeitig bildet sich unter der Borke ein dicker Schleimfilm. Aufgrund des dabei eintretenden Wassermangels krümmen sich die Triebspitzen hakenförmig nach unten, wodurch der Eindruck entsteht, dass die Pflanzen verbrannt sind. (Dieser Tatsache verdankt die Krankheit übrigens auch ihre Populärbezeichnung.) Eine medikamentöse Behandlung dieser in vielen EU-Ländern meldepflichtigen Krankheit ist bisher nicht möglich. Bei schwach befallenen Bäumen kann man dahingehend Rettungsversuche unternehmen, dass an der betroffenen Stelle sehr weit ins gesunde Holz zurückgeschnitten wird. Bei stärker befallenen Bäumen ist eine Rodung fast immer unumgänglich. Anschließend müssen die gefällten Bäume, genau wie die entfernten Äste/Zweige der schwach befallenen Exemplare, verbrannt werden. Die kalte Jahreszeit überdauern die Erreger des Feuerbrands im Holz der Bäume und/oder in Fruchtmumien.

Feuerbrand gehört zu den am meisten gefürchteten Obstbaumkrankheiten.

Echter Mehltau
(Erreger: Erysiphaceae)

Unter dem Begriff »Echter Mehltau« versteht man einen Komplex von Pflanzenerkrankungen, die durch Schlauchpilze aus der Familie Erysiphaceae hervorgerufen werden. Zu den Pflanzenarten, die von diesen Pilzen besonders häufig befallen werden, gehören Chiroree, Erbsen, Erdbeeren, Fenchel, Gurken, Heidekrautarten, Himbeeren, Hopfen, Knollenbegonien, Möhren, Petersilie, Rhododendren, Rosen, Rosenkohl, Schwarzwurzel, Sellerie, Stachelbeeren und Tomaten.

Während der Echte Mehltau in Gewächshäusern und Folienzelten fast ganzjährig präsent sein kann, tritt er unter Freilandbedingungen meistens erst bei warmem, trockenem Wetter im Spätsommer auf. Begünstigt wird die Entwicklung und Vermehrung des Echten Mehltaus durch zu hohe Bestandsdichten auf den Beeten, übermäßige Stickstoffgaben sowie starke Temperaturschwankungen zwischen Tag und Nacht. Die Verbreitung des Echten Mehltaus erfolgt durch Pilzsporen, die hauptsächlich vom Wind übertragen werden. Die Infektion äußert sich als mehlartiger, weißer bis weißlichgrauer, leicht abwischbarer Belag, der an den Oberseiten der Blätter haftet. Es handelt sich bei diesem Belag um das Pilzmyzel mit samt den Sporenträgern, welches den Blättern mithilfe von Saugfortsätzen den Zellsaft entzieht. Mit der Zeit nehmen die Blätter eine braune Färbung an und trocknen schließlich völlig aus. Außerdem sind an den betroffenen Pflanzen zumeist deutliche Wachstumsdepressionen festzustellen.

Falls unter den jeweiligen Kulturen mehltauresistente Sorten vorhanden sind, sollte man diesen beim Kauf von Neupflanzen beziehungsweise Samen den Vorzug geben. Bei Rosen lässt sich das Auftreten des Echten Mehltaus dadurch reduzieren, dass man im Frühjahr die im Winter erfrorenen beziehungsweise zurück gefrorenen Triebe abschneidet, weil dieser Pilz darin oft die kalte Jahreszeit überdauert. Unabhängig von der Kultur sollte man beim Auftreten von Echtem Mehltau sofort ein Spritzpräparat anwenden, um so eine Etablierung und weitere Verbreitung dieses Parasiten zu verhindern.

Echter Mehltau auf einem Gurkenblatt

Birnengitterrost
(Erreger: Gymnosporangium fuscum)

Gymnosporangium fuscum (Synonym: *Gymnosporangium sabinae*) ist ein mikroskopisch kleiner Pilz. Es handelt sich dabei um einen Krankheitserreger, dem verschiedene Wacholderarten, allen voran der auch als Stinkwacholder bezeichnete Sadebaum, *Juniperus sabina*, als Zwischenwirte dienen. Dabei verursacht *G. fuscum* nicht nur an den Ästen dieser Gehölze knotige Verdickungen, sondern bildet auch oft umfangreiche Sporenlager aus, die im Frühling als orangefarbene, gummibis gallertähnliche Auswüchse sichtbar werden. Bei hoher Luftfeuchtigkeit sowie bei länger anhaltenden Niederschlägen quellen diese Sporenlager auf, während sie bei trockenem, warmem Wetter zu schrumpfen beginnen. Durch den Wind werden die Sporen auf Birnbäume übertragen, die in der Nähe des Wacholders stehen.

Nach drei bis vier Wochen erscheinen auf den Ober- und Unterseiten der Birnenblätter orangerote Flecken. Letztere beginnen sich an den Unterseiten allmählich zu verdicken und nehmen bis zum September das Aussehen von kleinen, warzenähnlichen Wucherungen an, die wiederum prall mit Sporen gefüllt sind. Diese Wucherungen reißen schließlich gitterartig auf und geben dabei die Sporen frei, die der Wind oft auf Wacholdergehölze überträgt, wo sie den Winter überdauern.

Birnengitterrost an Stinkwacholder, der als Zwischenwirt fungiert.

Während junge Birnbäume durch Birnengitterrost mitunter so starke Schäden davon tragen, dass sie eingehen, werden ältere Exemplare nur mehr oder weniger stark geschwächt.

Mittel, mit denen sich der Birnengitterrost tatsächlich wirksam bekämpfen lässt, sind bisher nicht im Fachhandel erhältlich. Man kann

Birnengitterost ruft auf den Birnenblättern zunächst orangerote Flecken hervor.

Später entwickeln sich hervorstehende, warzenartige Wucherungen.

lediglich Präparate einsetzen, die normalerweise zur Bekämpfung des Birnenschorfs dienen und mit denen sich die Infektionsintensität des Birnengitterosts meist etwas abschwächen lässt. Falls es möglich ist, sollte man aus prophylaktischen Gründen alle Wacholderarten entfernen, die in einem Umkreis von 50 bis 70 m um die Birnbäume stehen, um auf diese Weise den Wirtskreislauf des Erregers zu zerstören. Außerdem muss das abgefallene Laub befallener Birnbäume unbedingt gründlich zusammengeharkt und anschließend komplett verbrannt werden.

Die warzenartigen Wucherungen in Nahaufnahme

Trieb- und Zweigsterben bei Zypressengewächsen (Erreger: Kabatina thujae)

Das Trieb- und Zweigsterben bei Lebensbäumen *(Thuja)*, Zypressen *(Cupressus)* und Scheinzypressen *(Chamaecyparis)* kann durch Streusalzschäden, Miniermotten, Lichtmangel wie auch durch den mikroskopisch kleinen Pilz *Kabatina thujae*, der an den Wurzeln dieser Gehölze parasitiert, verursacht werden. Besonders häufig tritt dieser Pilz auf, wenn die Böden mit Kalzium und Magnesium unterversorgt sind, eine zu hohe Feuchtigkeit aufweisen und/oder die Pflanzen zu dicht platziert wurden.

Bei einem schwächeren *Kabatina-thujae*-Befall sterben zumeist nur einzelne Triebe von den Spitzen her ab, wobei sie eine mehr oder weniger bräunliche Färbung annehmen. Handelt es sich dagegen um einen stärkeren Befall, verkahlen die Pflanzen von außen nach innen und auf den abgestorbenen Trieben erscheinen winzige schwarze Pünktchen, die man oft nur mit Hilfe einer gut vergrößernden Lupe wahrnehmen kann. Dabei handelt es sich um die Fruchtkörper des Pilzes, die bei ausreichender Luftfeuchtigkeit beziehungsweise Regenfällen ihre Sporen freigeben und somit für eine weitere Verbreitung des Krankheitserregers sorgen.

Prophylaktisch kann man die Gehölze im Herbst mit einem Fungizid spritzen. Ist dagegen die Infektion schon ausgebrochen, müssen die erkrankten Pflanzenteile entfernt werden, wobei man 3 bis 4 cm ins gesunde Holz schneiden und anschließend das Schnittgut verbrennen sollte. Zur Kräftigung der Pflanzen ist zusätzlich ein Düngemittel zu verabreichen, das reichlich Kalzium und Magnesium enthält.

Neben *Kabatina thujae* können die Gehölze auch von anderen, an Wurzeln parasitierenden Pilzen befallen werden. In den meisten Fällen beginnen sich dann die Nadeln schnell graugrün bis gelbgrün zu verfärben und danach dauert es nicht lange, bis die gesamte Pflanze braun wird. Von den erkrankten Gehölzen geht eine massive Ansteckungsgefahr für artgleiche Pflanzen aus, die sich in unmittelbarer Nähe befinden. Um der Erkrankung Einhalt zu gebieten, sollten deshalb die betroffenen Pflanzen sofort mitsamt ihren Wurzeln gerodet und anschließend vernichtet werden. Falls dadurch ein oder mehrere Löcher in einer vorhandenen Heckenformation entstehen, ist es ratsam, den Boden vor einer Nachbepflanzung großzügig auszutauschen. Außerdem hat es sich bewährt, den neu eingefüllten Boden mit einem Breitbandfungizid zu übergießen beziehungsweise dieses unterzumischen.

Vor dem Neuanlegen einer Hecke aus Zypressengewächsen sollte man auch prüfen, ob sich der vorhandene Boden überhaupt für diese Pflanzen eignet. So haben sich vor allem staunasse Böden als relativ ungünstig erwiesen, weil die Wurzelballen dieser Gehölze mitunter schnell zu faulen beginnen und somit als Nährboden nicht nur für zahlreiche Pilze, sondern auch für Bakterien fungieren.

Hier hat bereits ein intensives Zweigsterben eingesetzt.

Himbeerrutenkrankheit

(Erreger: Leptosphaeria coniothyrium)

Die Himbeerrutenkrankheit wird durch den Pilz *Leptosphaeria coniothyrium* hervorgerufen, der vor allem bei feuchtem Wetter über Risswunden oder sonstige offene Verletzungen in die Ruten eindringt. Tendenziell werden dabei zu dicht stehende, überalterte Kulturen stärker geschädigt als jüngere Pflanzen. Nachdem die Ruten im Frühsommer infiziert wurden, bilden sich an ihnen vereinzelte braune und blauviolette Flecken, die sich relativ schnell ausdehnen. Anschließend zeigen sich an der Rinde kleine Pusteln, die bald darauf aufplatzen, wodurch es zu einem allmählichen Absterben der Ruten kommt.

Aufgrund der Tatsache, dass es kein chemisches Mittel zur Heilung einer bereits ausgebrochenen Himbeerrutenkrankheit gibt, sollte man sein Augenmerk auf eine verstärkte Prophylaxe richten. Zu diesem Zweck schneidet man unmittelbar nach der Ernte die abgetragenen Ruten kurz über der Erdoberfläche ab, damit die Luft besser zwischen den Pflanzen zirkulieren kann und diese nach einem Regenfall schneller trocknen. Bereits befallene Ruten sind ebenfalls sofort herauszuschneiden und anschließend zu verbrennen. Wer noch eine allgemeine Kräftigung bei seinen Himbeersträuchern erreichen möchte, kann ein- bis zweimal jährlich einen Spezialdünger für Beerenobst verabreichen.

Himbeerrutenkrankheit

Zum Eindringen in das Gehölz benötigen die Erreger der Valsa-Krankheit offene Stellen.

Bei dieser Erkrankung tritt ein reichlicher Harzausfluss, der sogenannte »Gummifluss« auf.

Valsa-Rindenkrankheit
(Erreger: Leucostoma)

Die mitunter nur als Valsa-Krankheit bezeichnete Valsa-Rindenkrankheit, die durch die Pilze *Leucostoma cincta* und *L. personii* verursacht wird, gehört zu den gefährlichsten Erkrankungen des Steinobstes, wobei Süßkirschen und Pflaumen besonders gefährdet sind. Bei den Valsa-Pilzen handelt es sich um Wundparasiten, die über Schnittstellen, Frostrisse oder sonstige Verletzungen in die Gehölze eindringen, um unter der Borke der befallenen Pflanzenteile zahlreiche schwarze, warzenartige Fruchtkörper zu bilden. Gleichzeitig kommt es an der Infektionsstelle zu einem massiven Harzausfluss, den man auch als »Gummifluss« bezeichnet.

Die erkrankten Äste und Zweige verfärben sich braun, trocknen langsam aus und sterben schließlich ab, wobei das daran befindliche Laub verwelkt. Auf der Borke entstehen dabei anfangs schwärzliche, an Krötenhaut erinnernde Warzen, die sich später weiß verfärben und rötliche Schleimgebilde freigeben. Diese enthalten Unmengen an Pilzsporen. Die Erreger der Valsa-Krankheit werden durch Wind sowie Regen übertragen und breiten sich bei warmer Witterung besonders schnell aus.

Eine prophylaktische Bekämpfung gegen die Valsa-Krankheit kann sowohl im Herbst (zur Befallsminderung) als auch im zeitigen Frühjahr, kurz vor dem Austreiben der Blüten und Blätter mit einem Fungizid erfolgen. Außerdem tragen Kalkanstriche dazu bei, die allgemeine Widerstandsfähigkeit der Bäume gegen die Krankheit zu erhöhen.

Monilia
(Monilia)

Bei Monilia handelt es sich um eine pilzliche Erkrankung der Obstbäume. Sie kann entweder in Form der Fruchtfäule (ausgelöst durch *Monilia fructigena*) oder als Spitzendürre beziehungsweise Zweigmonilia (ausgelöst durch *Monilia laxa*) auftreten.

Die Fruchtfäule ist vor allem bei Äpfeln, Birnen, Pflaumen und Pfirsichen zu beobachten, wobei der Pilz in Wunden eindringt, die beispielsweise durch starke Regenfälle, Hagelschauer oder Fraß von Wespen, Vögeln, Obstmaden oder sonstigen Tieren entstanden sind. Anschließend durchwächst der Pilz die gesamte Frucht, wodurch bei dieser eine Totalfäule entsteht. Dabei erscheinen auf den Oberflächen der

An Monila erkrankte Sauerkirsche

An Monila erkrankte Blutpflaume

Fruchtmonilia an Kirschen

Fruchtmonilia an Pflaumen

Früchte zumeist zahlreiche, in konzentrischen Ringen angeordnete Schimmelpolster, die eine weißliche bis hellgraue Färbung haben. Die betroffenen Früchte fallen entweder ab oder überdauern die kalte Jahreszeit als sogenannte Fruchtmumien an den Zweigen der Obstgehölze. Beim Kernobst führt ein *Monilia-fructigena*-Befall gelegentlich zur sogenannten Schwarzfäule, bei der sich auf den Fruchtoberflächen keine Schimmelpolster bilden. Stattdessen verfärben sich die Oberflächen der innerlich verfaulten Früchte schwarz, weshalb sie dann im Volksmund auch als »Mohrenköpfe« bezeichnet werden.

Die Erreger der Fruchtfäule überwintern in den am Baum verfaulten Früchten, in Blütenknospen sowie in befallenen Zweigen am Baum oder am Boden. Um die Krankheit einzudämmen sind alle kranken Früchte einzusammeln, die Fruchtmumien zu entfernen und die stark befallenen Zweige kräftig zurückzuschneiden. Zweckmäßigerweise sollte man diese Materialien anschließend sofort verbrennen. Ergänzend kann noch ein Spritzmittel zum Einsatz kommen, das sowohl gegen Pilze wirkt als auch die Vitalität der Gehölze stärkt.

Die Erreger der Spitzendürre, deren Vorliebe für feuchte Witterung unverkennbar ist, dringen über die Blüten bevorzugt in Apfel- und Kirschbäume ein. Kurz darauf beginnen sowohl die betroffenen Blüten als auch die in der Nähe befindlichen Laubblätter zu welken. An den befallenen Trieben beginnt die sich allmählich verfärbende Borke zunächst runzelig zu werden. Später sterben die oberen Teile der Triebspitzen total ab, ohne dass sie zuvor ihre vertrockneten Blüten und Blätter abwerfen. Solche erkrankten Triebe muss man mindestens 15 bis 20 cm ins gesunde Holz zurückschneiden. Danach ist eine Behandlung der Schnittstellen mit Baumwachs erforderlich. Genau wie bei einem Befall durch *Monilia fructigena* sind auch die von *Monilia laxa* geschädigten Triebe unmittelbar nach dem Abschneiden zu verbrennen. Während der Blühphase der Obstgehölze kann außerdem eine direkte Bekämpfung mit einem Fungizid erfolgen. Darüber hinaus ist es ratsam, sich beim Neukauf von Gehölzen nur für Sorten zu entscheiden, die gegenüber Monilia resistent sind.

Obstbaumkrebs
(Erreger: Nectria galligena)

Die Bezeichnung Baumkrebs oder Obstbaumkrebs ist etwas irreführend, denn diese Erkrankung wird nicht durch ein unkontrolliertes Zellwachstum, sondern durch den Pilz *Nectria galligena* verursacht. Dieser kann nur über offene Wunden, die beispielweise durch Schnitte oder Frostrisse entstehen, in das Holz eindringen, wobei besonders häufig Apfel-, aber gelegentlich auch Birnbäume befallen werden. Dabei wirkt sich nasskaltes Wetter förderlich auf die Entwicklung dieses Pilzes aus. Die Erkrankung geht mit einer Zerstörung des Holzgewebes einher. Die betroffenen Bäume versuchen dann, die Krebswunde mit Wundgewebe zu schließen, was mitunter auch gelingt. Man spricht in diesem Fall auch von geschlossenem Krebs. Bringt dagegen der Pilz das neugebildete Wundgewebe immer wieder zum Absterben, sodass kein Wundschluss entstehen kann, handelt es sich um offenen Krebs. Unabhängig von der Krebsform erschwert diese Krankheit aber die normale Wasser- und Nährstoffzufuhr, weshalb die betroffenen Stellen in der Folgezeit allmählich verdorren.

Bei frostfreiem Winterwetter ist ein Entfernen der Krebsstelle möglich, wobei man mindestens 1 bis 2 cm ins gesunde Holz schneiden sollte. Hierbei sind möglichst glatte Schnitte durchzuführen, damit keine ausgefransten Ränder zurückbleiben. Anschließend bringt man ein Wundverschlussmittel auf den gesamten Schnittbereich auf.

Ein sehr ähnliches Krankheitsbild kann bei einem Befall durch Blutläuse, *Eriosoma lanigerum*, hervorgerufen werden. Dabei bildet sich im Sommer an Zweigen und jungen Ästen zunächst ein weißer, flockiger Belag (Wachsausscheidungen), unter dem die Blutläuse sitzen und durch ihre Saugaktivitäten das Gewebe so stark schädigen, dass sich bald krebsähnliche Geschwülste bilden.

Empfehlung

Vor dem Neuerwerb von Apfelbäumen ist es ratsam, zu überlegen, ob man unbedingt die Sorten Berlepsch, Braeburn, Cox Orange, Elstar, Gloster, Goldpramäne, James Grieve, Jonagold, McIntosh und/oder Rubinette haben möchte, weil diese besonders anfällig für Obstbaumkrebs sind.

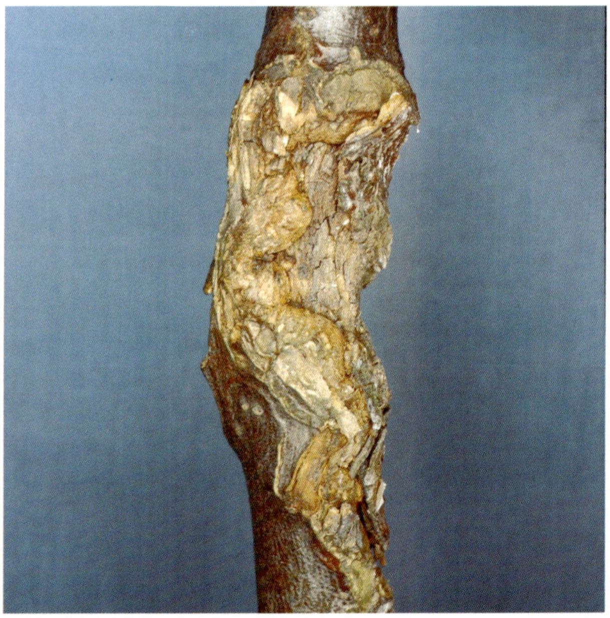

Beim Obstbaumkrebs handelt es sich nicht um unkontrolliertes Zellwachstum, sondern um eine Pilzinfektion.

Grünfäule
(Erreger: Penicillium)

Die auch als *Penicillium*-Fruchtfäule bezeichnete Grünfäule wird durch pilzliche Erreger aus der Gattung *Penicillium* verursacht und tritt häufig gemeinsam mit Grauschimmel auf.

Penicillium-Pilze kommen fast überall im Boden vor. Sie wachsen und entwickeln sich vor allem bei feuchtwarmem Klima sehr schnell. Ihre Sporen verbreiten sich hauptsächlich durch den Wind. Allerdings können diese kein gesundes Gewebe besiedeln, sondern benötigen zum Eindringen in die Pflanzen Wunden oder sonstige geschwächte Bereiche. Falls jedoch auf den Früchten solche für die Sporen günstigen Eintrittspforten vorhanden sind, kann es rasch zum Ausbruch der Grünfäule kommen. Die befallen Früchte verfärben sich dann gelblich bis bräunlich. Das Fruchtfleisch bekommt eine zunächst wässrige und später matschige Konsistenz. Außerdem entwickelt sich auf den Fäulnisstellen schnell ein blaugrüner Sporenrasen.

Die wichtigste Methode, Grünfäule weitgehend zu verhindern, besteht im sofortigen Abernten beschädigter Früchte, z. B. aufgeplatzter Kirschen nach heftigen Regenfällen oder sommerlichen Hagelgewittern.

Grünfäule an einem Apfel

Falscher Mehltau

(Erreger: Peronosporales)

Beim Falschen Mehltau handelt es sich um Vertreter aus der Eipilzordnung (Peronosporales), die sich besonders häufig auf den Blättern von Kohlarten, Radieschen, Rettichen, Feldsalat, Erbsen, Spinat, Zwiebeln, Gurken, Zucchini, Wein und Christrosen ansiedeln.

Auf den Blattoberseiten verursachen diese Pilze gelbliche, bräunliche oder violette Flecken, die eine scharfe Abgrenzung aufweisen. Auf der Blattunterseite bildet sich insbesondere bei nasskaltem Wetter ein spärlicher weißer bis grauweißer Sporenrasen, der im Unterschied zu dem samtig wirkenden Echten Mehltau eine fast körnig anmutende Oberflächenstruktur hat. Falscher Mehltau kann auf recht unterschiedliche Weise übertragen werden. Neben einer Übertragung durch Saatgut, kann er auch auf Pflanzenresten haftend im Boden den Winter überdauern und von dort im Frühjahr auf die neuen Kulturen gelangen. Am häufigsten erfolgt die Übertragung des Falschen Mehltaus allerdings durch den Wind, der die Sporen dieses Pilzes mehrere hundert Kilometer weit tragen kann.

Außer an im Boden befindlichen Pflanzenresten überwintert dieser Pilz auch des Öfteren in infiziertem Falllaub sowie in den Trieben. Zur prophylaktischen Bekämpfung des Falschen Mehltaus sollte man, genau wie beim Echten Mehltau, resistente Sorten bevorzugen. Liegt bereits ein mäßiger Befall vor, ist es ratsam, die betroffenen Blätter sofort zu entfernen und anschließend eine Bekämpfung mit einem im Fachhandel erhältlichen Fungizid (pilzhemmendes beziehungsweise -vernichtendes Mittel) durchzuführen. Bei starkem Befall muss das Fungizid gewöhnlich wiederholt eingesetzt werden, um einen nachhaltigen Erfolg zu erzielen.

Falscher Mehltau auf einem Blatt

Falscher Mehltau hat verschiedene Erscheinungsformen.

Kraut- und Braunfäule
(Erreger: Phytophthora infestans)

Die Vertreter der Gattung *Phytophthora* präsentieren sich als mikroskopisch kleine Pilze, zu denen neben zahlreichen anderen Arten auch *P. infestans* gehört. Diese Pilzart verursacht hauptsächlich an Tomaten und Kartoffeln (seltener auch an Petunien, Auberginen und Paprika) die gefürchtete Kraut- und Braunfäule. Dabei werden sowohl Triebspitzen, Blätter und Stängel als auch Früchte beziehungsweise Knollen befallen. Die betroffenen Bereiche verfärben sich zunächst gelblichgrün, später braun bis schwarzbraun und beginnen relativ schnell zu faulen.

An Phytopthora *erkranktes Tomatenpflanzenblatt*

Tomaten im Anfangs- (links) und im fortgeschrittenen Stadium (rechts) dieser Krankheit

P. infestans überwintert im Boden und tritt im Freiland meist erst Ende Juni auf, wobei seine Entwicklung durch feuchtwarme Witterung begünstigt wird. Die Infektion gesunder Pflanzen erfolgt meistens durch Wasser, das auf das Erdreich trifft und von dort mitsamt der angehefteten Erreger an die unteren Blätter oder die Stängel spitzt. Um diesem Entwicklungsprozess nicht noch Vorschub zu leisten, sollte man die Pflanzen immer nur sehr vorsichtig gießen, wobei niemals Wasser auf die Blätter gelangen darf. Letztere erweisen sich nämlich im feuchten Zustand als ein nahezu idealer Nährboden für *P. infestans*, während eine sehr trockene Umgebung keinen günstigen Lebensraum für diesen Erreger darstellt. *P. infestans* gelangt über Wunden, die an den Blättern vorhandenen Spaltöffnungen und/oder über die Blüten in das Innere der Pflanzen. Außerdem ist eine Übertragung der Erreger auch durch kräftigen Wind sowie durch tierische und menschliche Berührungen möglich (indem beispielsweise kurz zuvor infizierte Pflanzen angefasst wurden).

Auch wenn oft propagiert wird, dass man die von *P. infestans* befallenen Pflanzenteile entfernen soll, bringt diese Maßnahme nur in sehr seltenen Fällen den erhofften Erfolg. Sobald man nämlich an einer oder ein paar Pflanzen die ersten Anzeichen für die Kraut- und Braunfäule bemerkt, haben sich die Erreger gewöhnlich auch schon auf den anderen Exemplaren angesiedelt, sodass bei ihnen zumeist nur mit zwei- bis fünftägiger Verzögerung die Krankheitssymptome auftreten. Um eine weitere Ausbreitung der Kraut- und Braunfäule zu verhindern, ist es am besten, sofort alle Pflanzen auf dem jeweiligen Beet zu roden und anschließend in der Mülltonne (jedoch keinesfalls im Komposter) zu entsorgen.

Eine Heilung von Pflanzen, die bereits von der Kraut- und Braunfäule befallen sind, ist nicht möglich. Man kann lediglich eine Prophylaxe durchführen, indem die Pflanzen mehrfach mit pilzhemmenden Mitteln besprüht werden. Darüber hinaus tragen auch genügend große Pflanzabstände, durch die ein späteres Berühren der Blätter benachbarter Kartoffel- beziehungsweise Tomatenpflanzen vermieden wird, mit dazu bei, dass sich *P. infestans* schlechter entwickeln und ausbreiten kann.

Ein Geheimtipp bei der Kultivierung von Tomaten besteht darin, schneller als andere zu sein. Indem bereits Mitte Februar Tomatensamen in einem Frühbeet ausgesät und später in Blumentöpfen vereinzelt werden, besitzt man im Mai fast immer Pflanzen, die deutlich größer und kräftiger sind als die auf Fachmärkten und in Gärtnereien angebotenen Exemplare. Nach dem Auspflanzen bringen diese Tomaten gewöhnlich 10 bis 14 Tage früher reife Früchte hervor als die Vergleichsexemplare. Falls sich zu einem späteren Zeitpunkt der Pilz doch noch von den benachbarten Gärten her ausbreitet, kann oft schon ein Großteil der eigenen Früchte geerntet werden, wodurch die Verluste deutlich niedriger ausfallen.

Kartoffelblätter im Anfangs-(ganz links) und im fortgeschrittenen Stadium der Kraut- und Braunfäule

Krankheitsbild der Kohlhernie

Kohlhernie an einer Jungpflanze

Kohlhernie

(Erreger: Plasmodiophora brassicae)

Die Kohlhernie hat sich bei den Kreuzblütengewächsen (Brassicaceae), zu denen neben den Kohlarten auch Raps und Senf gehören, als eine der gefährlichsten Krankheiten erwiesen. Der Erreger dieser Erkrankung ist der sehr einfach strukturierte, im Boden lebende Schleimpilz *Plasmodiophora brassicae*. Bei einem Befall entstehen Wucherungen am Wurzelgewebe, die ein klumpenartiges Aussehen haben. Die oberirdischen Teile der Pflanzen beginnen anfangs zu kümmern. Später verwelkt die Pflanze und zeigt im Endstadium oft massive Fäulnisstellen. Beim Blumenkohl kommt es zusätzlich zu einen gehäuften Auftreten von Frühblühern.

Während der Pilz in der Pflanze parasitiert, bildet er sogenannte Dauersporen, die beim Verrotten ins Erdreich gelangen. Aufgrund ihrer geringen Größe sind diese Sporen in der Lage, zusammen mit dem über die Wurzeln aufgenommenen Wasser in die Pflanzen einzudringen und in der Folgezeit das Krankheitsbild der Kohlhernie auszulösen. Hohe Bodenfeuchtigkeit und ein niedriger pH-Wert wirken sich begünstigend auf die Lebensdauer der Sporen aus, wogegen ihnen eine gut mit Kalk versorgte Umgebung weitaus weniger behagt.

Eine direkte Behandlung der Kohlhernie ist nicht möglich. Ihrem Auftreten kann aber in den meisten Fällen durch Einhaltung einer ausgewogenen Fruchtfolge entgegen gewirkt werden. Sollten dennoch einmal Pflanzen an der Kohlhernie erkranken, sind auf den betreffenden Flächen mindestens zehn Jahre lang keine Kreuzblütengewächse anzubauen, um den eventuell noch vorhandenen Dauersporen keine neue Nahrung anzubieten.

Bakterienbrand an einem Obstgehölz

Durch Bakterienbrand geschädigtes Blatt

Bakterienbrand
(Erreger: *Pseudomonas syringae*)

Der Bakterienbrand, der sowohl bei Stein- als auch Kernobstkulturen große Schäden verursachen kann, wird durch den Erreger *Pseudomonas syringae* ausgelöst. Bei der im Herbst stattfindenden Infektion bilden sich an den Stämmen sowie auf den Ästen rillenartige, eingesunkene Bereiche, die eine schwarzrote Färbung aufweisen. Während des Winters treten dann keine weiteren Veränderungen des Krankheitsbildes auf. Sobald jedoch im Frühjahr die Temperaturen deutlich ansteigen, reißen die bereits vorgeschädigten Bereiche auf, wobei es zum sogenannten »Gummifluss« kommt. Letzterer verbreitet die Erreger oft noch über weitere Teile des betroffenen Obstbaumes. Dadurch können sich die Blütenansätze nicht normal entwickeln, sondern beginnen zu welken und sterben kurz darauf ab.

Wenn man Anzeichen für den Bakterienbrand registriert, sollten die betroffenen Bereiche sofort bis ins gesunde Holz zurückgeschnittenen werden. Dabei ist darauf zu achten, dass die Schnittflächen der Astschere beziehungsweise das Sägeblatt nicht mit den infizierten Stellen in Kontakt kommen, weil sonst eine Übertragung der Erreger erfolgt. Das abgeschnittene Material ist danach unverzüglich zu verbrennen. Prophylaktisch kann man unmittelbar nach dem herbstlichen Laubaufwurf die Bäume mit einem kupferhaltigen Mittel spritzen, das in der Folgezeit häufig einen Befall durch *Pseudomonas syringae* verhindert.

Septoria-Blattflecken
(Erreger: Septoria)

Septoria-Blattflecken treten besonders häufig an Sellerie, Petersilie, Salat sowie gelegentlich an Pfingstrosen auf und werden durch die mikroskopisch kleinen Pilze *Septoria apiicola, S. petroselini, S. lactucae* beziehungsweise *S. birgitae* hervorgerufen. Dabei wird die von *Septoria apiicola* verursachte Krankheit im Volksmund fälschlicherweise oft als »Sellerierost« bezeichnet.

Bei feuchtwarmer Witterung schreitet die Septoria-Blattflecken-Krankheit schnell voran. Die Erreger, die im Boden an Samen und Blattresten überwintert haben, geben im Frühjahr ihre Sporen frei. Letztere gelangen anschließend über das Spritzwasser auf die Jungpflanzen.

Anschließend erscheinen sowohl an den Stängeln als auch an den Blättern der betroffenen Pflanzen graubraune Flecken. Später bilden sich noch schwarze Pünktchen. Gleichzeitig beginnen die äußeren Blätter allmählich zu vergilben, sodass nach ein paar Tagen nur noch die Herzblätter vorhanden sind. Beim Sellerie wachsen die Knollen – im Vergleich zu gesunden Exemplaren – nur noch sehr zögerlich. Bisher existiert noch kein spezifisches Mittel gegen diese Erkrankung. Man kann jedoch versuchen, sie mit einem Fungizid einzudämmen. Außerdem ist es wichtig, auf Beeten, auf denen befallene Kulturen gestanden haben, in den nachfolgenden drei bis vier Jahren keine Arten anzubauen, die diesen Parasiten als Wirtpflanzen dienen können.

Wie es ihr Name verrät, verursacht diese Krankheit zahlreiche Flecken auf den Blättern, wobei Petersilie (oben) und Sellerie (unten) als Wirtspflanzen bevorzugt werden.

Laubkrankheit beim Spargel

(Erreger: Stemphylium botryosum)

Die Laubkrankheit des Spargels verursacht ein mikroskopisch kleiner Pilz namens *Stemphylium botryosum*, der erst in den letzten zehn Jahren zunehmend an Bedeutung gewonnen hat. Dieser Parasit überwintert sowohl an vertrocknetem Spargellaub als auch an den Stoppeln. Sobald im Frühjahr eine warme, feuchte Witterung vorherrscht, beginnt dieser Pilz die jungen Spargeltriebe zu infizieren, wobei er in jungen Beständen besonders häufig auftritt.

An den Spargeltrieben erscheinen dann ab Mitte Juli kleine, ovale Flecken, die ein weißes Zentrum besitzen, das von einem braunen Saum umgeben ist. Bei stärker befallenen Kulturen verkahlen zahlreiche Pflanzenteile oder sterben sogar gänzlich ab. Eine wirksame Bekämpfung dieses Pilzes kann mit handelsüblichen Fungiziden erfolgen.

Bei dieser Krankheit erscheinen bräunliche Pünktchen auf den Spargeltireben.

Schrotschusskrankheit
(Erreger: Stigmina carpophila)

Von der Schrotschusskrankheit, die durch den Pilz *Stigmina carpophila* (Synonym: *Clasterosporium carpophilum*) ausgelöst wird, werden nicht nur Steinobstgehölze, sondern gelegentlich auch Kirschlorbeer befallen. Eine feuchtkühle, von reichlichen Niederschlägen begleitete Witterung wirkt sich extrem stimulierend auf die Entwicklung dieses Pilzes aus, der entweder auf Borke, an Knospen und/oder Fruchtmumien überwintert. Die Erkrankung beginnt damit, dass an den jungen Blättern aufgehellte Punkte sichtbar werden, die sich schon nach wenigen Tagen rötlich verfärben. Dabei wird das Gewebe abgetötet und fällt bald danach heraus, sodass die Blätter den Eindruck vermitteln, als seien sie mit Schrot durchschossen wurden, wobei die Bereiche um diese »Einschussstellen« eine rötliche Verfärbung zeigen. Bald darauf beginnen diese Blätter zu vergilben und abzufallen. Bei massivem Befall passiert es nicht selten, dass die Bäume im Hochsommer kaum noch Blätter besitzen.

An den Früchten verursacht dieser Pilz zunächst schwärzliche, eingesunkene Punkte und Flecken, die ein roter Saum umgibt. Später beginnen diese Früchte zu verkrüppeln, aufzureißen und zu faulen, bis sie schließlich abfallen. Auch an jungen Trieben, insbesondere bei Pfirsichen, kann sich diese Krankheit in Form von Flecken manifestieren. Junge Triebe sterben dann oft ab, während ältere Verdickungen bilden, die denen des Obstbaumkrebses ähneln.

Zur Bekämpfung der Schrotschusskrankheit kann vor dem Austreiben eine Behandlung mit einem Fungizid erfolgen, die etwa 14 Tage später noch einmal wiederholt werden sollte.

Von erkrankten Gehölzen sind das Laub sowie Fruchtmumien zu entfernen und anschließend zu vernichten. Außerdem hat sich bei stark befallenen Bäumen ein kräftiger Rückschnitt bewährt.

Die Früchte, wie diese Kirschen, verkrüppeln und weisen oft zahlreiche dunkle Flecken auf.

Der ökologische Gartenbau empfiehlt ein Mulchen und Bepflanzen der Baumscheibe mit Knoblauch und/oder Zwiebeln, sowie den Einsatz von Präparaten, in denen Tonerde, Netzschwefel und Kupfer als Wirkstoffe enthalten sind.

Die Schrotschusskrankheit bewirkt eine Durchlöcherung der Blätter.

Vor der Durchlöcherung erscheinen auf den Blättern rötliche Flecken.

Kräuselkrankheit
(Erreger: Taphrina deformans)

Die Kräuselkrankheit ist eine der häufigsten Erkrankungen an Pfirsichbäumen und wird durch den Pilz *Taphrina deformans* verursacht. Letzterer überwintert als zartes Geflecht an den Knospen sowie an der Borke der Pfirsichbäume. Sobald im Frühjahr die Blätter austreiben, dringt er in diese ein, wodurch in der Folgezeit krankhafte Wucherungen, Deformationen sowie Kräuselungen entstehen. Feuchtes Klima wirkt sich begünstigend auf die Entwicklung dieser Krankheit aus, denn je öfter es während des Laubaustriebs regnet, umso stärker treten die Symptome in Form von Wellungen und Verfärbungen auf den Blättern auf.

Bei dem später auf den Blättern sichtbar werdenden weißlichen Belag handelt es sich um Pilzsporen. Ihre Verbreitung erfolgt ab Ende Mai durch den Wind.

Bei der Kräuselkrankheit kommt es immer zu einem Abwurf der Früchte und des zuerst ausgetriebenen Laubes. Im Unterschied dazu weisen Blätter, die erst im Juni ausgetrieben werden, fast nie sichtbare Krankheitsanzeichen auf.

Häufig bewirkt die Kräuselkrankheit auch eine allgemeine Schwächung der betroffenen Bäume. Diese Schwächung führt wiederum oft dazu, dass das Holz nicht richtig ausreifen kann und deshalb im Winter erfriert.

Ein wirklich wirksames Mittel gegen die Kräuselkrankheit ist bislang nicht auf dem Markt. Man kann lediglich zur Kräftigung der Bäume beitragen, indem diese kurz vor dem Aufbrechen der Knospen mit einem Pflanzenstärkungsmittel behandelt werden. Außerdem sollte man möglichst schon beim Auftreten von ersten Krankheitsanzeichen die betroffenen Blätter von den Bäumen entfernen und auf diese Weise den Neuaustrieb des Laubes anregen. Beim Neuerwerb von Pfirsichbäumen bietet es sich an, auf robuste und/oder weitgehend resistente Sorten zurückzugreifen.

Unterschiedliche Verfärbungen auf den Blättern infolge der Kräuselkrankheit

Von der Kräuselkrankheit befallener Pfirsichbaum

Narrentaschenkrankheit
(Erreger: Taphrina pruni)

Die ansteckende Narrentaschenkrankheit wird durch den mikroskopisch kleinen Pilz, *Taphrina pruni*, verursacht und ist besonders häufig an Pflaumen und Aprikosen zu finden, während Mirabellen und Renekloden deutlich seltener befallen werden. Der Pilz überwintert in den Trieben und Knospenschuppen. Im Frühjahr infiziert er bevorzugt bei feuchtkalter Witterung die Fruchtknoten der Blüten.

Die Narrentaschenkrankheit äußert sich dadurch, dass ab Mai die befallenen Früchte deutlich schneller wachsen als die gesunden. Dabei nehmen sie eine flache, schotenähnliche Form an und bilden keinen Stein aus. Im Anfangsstadium sind die Oberflächen der infizierten Früchte noch glatt und grünlich. Später werden sie zunehmend runzeliger und verfärben sich von bräunlich über gelblich bis zu weiß. Gleichzeitig beginnen diese Früchte zu faulen und fallen frühzeitig von den Bäumen. In selteneren Fällen kann die Narrentaschenkrankheit auch an Blättern und Zweigen auftreten, die dann Verdickungen und unnatürliche Krümmungen zeigen.

Gegenwärtig befindet sich noch kein Mittel zur Behandlung der Narrentaschenkrankheit auf dem Markt. Deshalb kann man nach einem Befall lediglich sämtliche deformierten Früchte abpflücken beziehungsweise vom Boden aufsammeln und anschließend vernichten. Außerdem besteht die Möglichkeit, die Bäume kurz vor dem Aufbrechen der Blüten mit einem Pflanzenstärkungsmittel zu behandeln, um auf diese Weise ihre allgemeine Widerstandskraft zu erhöhen.

Erscheinungsformen der Früchte und Blätter nach dem Ausbruch der Narrentaschenkrankheit

Schorf bei Äpfeln und Birnen
(Erreger: Venturia)

Der Schopf an Apfel- und Birnbäumen wird durch die pilzlichen Erreger *Venturia inaequalis* beziehungsweise *V. pirina* verursacht. Oftmals werden die ersten Anzeichen dieser Krankheit schon kurz nach der Blühphase sichtbar. Auf den Ober- und Unterseiten der Blätter erscheinen dann anfangs rundliche, mit fortschreitender Erkrankung unregelmäßig geformte braungraue Flecken, die sich schnell weiter ausbreiten. Die befallenen Blätter sterben frühzeitig ab und werden meist schon im Sommer abgeworfen. Später findet man auf den Früchten teilweise sehr große, verkorkte Risse und zahlreiche braune oder schwarze Flecken. Falls die Früchte erst kurz vor der Ernte infiziert werden, äußert sich die Krankheit gewöhnlich erst nach dem Einlagern. Man spricht dann auch von Lagerschorf, der in Form glänzender schwarzer Flecken auftritt, die leicht eingedellt sind.

Die Schorfpilze überdauern den Winter in abgefallenem Laub und bei Birnen auch manchmal in den Spitzen der Zweige. Sobald es wärmer wird und eine ausreichende Feuchtigkeit vorherrscht, geben die Pilze ihre Sporen frei, die der Wind teilweise sehr weit trägt. Trifft eine dieser Sporen auf die geöffnete Knospe eines Apfel- beziehungsweise Birnbaums, infiziert sie diese sofort, wonach die bereits beschriebenen Flecken auf dem Laub entstehen. Gleichzeitig kommt es noch zur Ausbildung von Sommersporen, welche durch Regenspritzer auf gesunde Blätter sowie Früchte übertragen werden, sodass auch diese in der Folge erkranken.

Beim Neuerwerb von Apfel- sowie Birnbäumen sollte man schorfresistente Sorten bevorzugen. Bereits vorhandene (nicht resistente) Bäume kann man im Frühjahr, noch vor dem Austreiben der Blüten zweimal mit einem im Fachhandel erhältlichen Fungizid spritzen. Nach der Blühphase ist eine nochmalige Spritzung mit einem schwefelhaltigen Präparat empfehlenswert. Das abgeworfene Laub befallener Bäume kann unter der Voraussetzung kompostiert werden, dass im Komposter Temperaturen von mehr als 45 °C vorherrschen, die die Schorfpilze nicht überleben. Ansonsten ist ein Verbrennen des Laubes günstiger.

Stark von Schorf befallene Äpfel

Lagerschorf an einem Apfel

Stippigkeit

Bei der auch als Stippe bezeichneten Stippigkeit handelt es sich um eine nichtparasitäre Erkrankung, die bei Äpfeln auftritt und auf ein unausgewogenes Verhältnis an Mengenelementen zurückzuführen ist. Auf der Schale der Äpfel sowie in dem darunterliegenden Fruchtfleisch erscheinen kleine, eingesunkene, braune Flecken. Stellenweise ist das Fruchtfleisch auch etwas korkig.

Biochemische Untersuchungen ergaben, dass im Fruchtfleisch ein starkes Defizit an Kalzium und gleichzeitig ein Überschuss an Kalium und Magnesium vorhanden waren. Außerdem wurde festgestellt, dass die betreffenden Bäume einen Großteil des aufgenommenen Kalziums verstärkt in das Holzwachstum investierten, anstatt in die Ausbildung gesunder Früchte.

Stippigkeit lässt sich zumeist durch eine kontinuierliche Düngung mit Kalzium sowie einen alljährlichen Baumschnitt vermeiden. Letzterer wirkt sowohl einem übermäßigen Triebwachstum als auch einem zu starken Fruchtbehang entgegen.

Die Stippigkeit wird durch eine unausgewogene Nährstoffversorgung hervorgerufen.

Pilze im Rasen

Vor allem bei feuchtwarmem Wetter kann es schnell einmal passieren, dass auf den Rasenflächen innerhalb kürzester Zeit zahlreiche Pilze wachsen, die in kreisähnlichen Formationen, sogenannten Hexenringen, angeordert sind. In vielen Fällen treten diese Pilze in der Nähe von Gehölzen auf, wo sie von deren Wurzel Nahrung erhalten. Es kann auch sein, dass sich unter der Rasenfläche noch zahlreiche größere Totholzstücke befinden, die von den Pilzmyzelen allmählich zersetzt werden. Nicht selten beginnt dann der Rasen, der sich in unmittelbarer Nähe der Pilze befindet, zu kümmern oder er stirbt völlig ab. Zur Bekämpfung solcher Pilze empfiehlt es sich, den Rasen einmal ganz kurz zu schneiden, anschließend zu vertikutieren und falls möglich auch noch mit etwas Sand zu bestreuen. Danach bringt man auf der Fläche einen Dünger aus, der auch Ammoniumsulfat enthält, denn diese Verbindung mögen die Pilze überhaupt nicht.

Auf frisch verlegtem Rollrasen kann man schon fast darauf warten, dass irgendwelche Pilze sprießen. Die Ursache dafür ist der zumeist sehr hohe Anteil an hochwertigem, organischem Material, der in den vorbereiteten Flächen vorhanden ist. Wenn diese Nährstoffreservoire nach ein bis zwei Jahren stark erschöpft sind, brechen die Pilzpopulationen zumeist von selbst zusammen.

Richtig bekämpft, verschwinden Pilze meist wieder schnell aus dem Rasen.

Gesunde Gartenteiche

Das Wechselspiel zwischen
Gartenteich und Umgebung

Nützlinge im und am Gartenteich

Schädlinge im und am Gartenteich

Das Wechselspiel zwischen Gartenteich und Umgebung

Gartenteiche erfreuen sich seit mehr als hundert Jahren einer ständig wachsenden Beliebtheit. Das Anlegen eines solchen Teiches erfolgt zumeist mit dem Ziel, ein weiteres interessantes Stück Natur im eigenen Garten zu gestalten und auf diese Weise Lebensräume für Pflanzen und Tiere zu schaffen, die eine Vorliebe für das »feuchte Element« haben.

Ein Gartenteich erfüllt vielfältige Funktionen.

Viele Vögel nutzen den Gartenteich als Bademöglichkeit oder Tränke.

Ein Gartenteich, dessen Uferbereiche attraktiv mit verschiedenen Sumpfpflanzen und natürlichen Dekorationsgegenständen, wie Steinen und urigen Wurzelhölzern bestückt sind, und auf dessen Wasseroberfläche vielleicht einige See- oder Teichrosen blühen, trägt maßgeblich zur optischen Bereicherung der gesamten Gartenlandschaft bei. Gleichzeitig wird das Mikroklima in der näheren Umgebung durch das ständig verdunstende Wasser positiv beeinflusst.

Außerdem zieht ein Gartenteich zahlreiche nützliche Tierarten an, die hier nicht nur eine willkommene Tränke, sondern auch Bademöglichkeiten finden.

Nützlinge im und am Gartenteich

Grünfrösche

In vielen Gartenteichen, die seicht abfallende Uferbereiche und ausgedehnte Flachwasserbereiche besitzen, siedeln sich nach einiger Zeit Vertreter aus der Gruppe der Grünfrösche an, zu denen der Seefrosch, *Rana ridibunda*, der Teichfrosch, *Rana esculenta*, sowie der Kleine Wasserfrosch, *Rana lessonae* gehören. Der Europäische Laubfrosch, *Hyla arborea*, dessen Körper ebenfalls zum größten Teil eine grüne Färbung aufweist, zählt allerdings nicht zu dieser Froschgruppe, sondern ist ein Vertreter aus der eigenständigen Familie der Laubfrösche (Hylidae). Die Kleinen Wasserfrösche, die eine Länge von 45 bis 75 mm erreichen, besitzen normalerweise eine grasgrüne Rückenpartie, auf der sich zahlreiche schwarze Flecken verteilen. In der von April bis Ende Mai stattfindenden Laichzeit kann es allerdings passieren, dass sich die Männchen, die immer etwas kleiner sind als die Weibchen, zitronengelb bis bräunlich verfärben. Die Nahrung dieser Lurche, die sich hauptsächlich aus Fluginsekten wie Mücken und Fliegen zusammensetzt, wird noch durch das gelegentliche Erbeuten von Schnecken und Würmern ergänzt.

Mit einer Länge von bis zu 15 cm ist der Seefrosch der Goliath unter den Grünfroscharten. Die Grundfärbung seines Rückens variiert von kräftig- über oliv- bis dunkelgrün. Darauf befinden sich unregelmäßig

Der Wasserfrosch, eigentlich Teichfrosch, ist eine Mischform aus Seefrosch und Kleinem Wasserfrosch.

Der Seefrosch überwintert vorwiegend im Gewässersediment.

angeordnete Flecken, die zumeist dunkel grünbraun bis dunkelbraun aussehen. Die Paarungszeit des Seefroschs erstreckt sich von Mitte Mai bis Mitte Juni. Auf diese Zeit stimmen sich die Männchen aber bereits ab Mitte April mit lauten Rufen ein. Dabei werden die hinter den Mundwinkeln befindlichen, ballonähnlichen weißen Schallblasen, die nur die männlichen Frösche besitzen, weit ausgestülpt. Seefrösche fressen so ziemlich jede tierische Nahrung, die sie nur irgendwie bewältigen können. Sobald sich See- oder auch andere Frösche am Gartenteich ansiedeln, besteht die wichtigste Pflegemaßnahme darin, sie weitestgehend in Ruhe zu lassen. Aus diesem Grund sollte man im Herbst auch keine Pflege- beziehungsweise Säuberungsarbeiten mehr im Bodensubstrat des Teiches durchführen, weil dieses vor allem von den Seefröschen als Überwinterungsquartier genutzt wird.

Beim Teichfrosch, dessen Nahrungsspektrum im Wesentlichen dem des Kleinen Wasserfroschs gleicht, handelt es sich um eine natürlich entstandene Hybridform. Diese ging aus der Kreuzung von Seefröschen mit Kleinen Wasserfröschen hervor, weshalb die Vertreter der einzelnen Teichfroschpopulationen in ihrem äußeren Erscheinungsbild, dem so genannten Phänotyp, oft stark variieren. Je nach den Ahnen, die ein Teichfrosch besitzt, tendiert er entweder mehr zum See- beziehungsweise Kleinen Wasserfrosch oder stellt einen Mischtyp aus beiden dar.

Kleiner Wasserfrosch

Molche

Zu den weiteren Gästen, die sich oft zeitweilig im Gartenteich ansiedeln, gehören die Molche – allen voran der Teichmolch, *Triturus vulgaris*, der in Mitteleuropa zahlenmäßig am stärksten vertreten ist. Nach der Überwinterung, die stets an Land erfolgt, begeben sich diese Lurche zwischen Ende März und Anfang April zur Paarung in ein Gewässer. Während der Paarungszeit wird von den 10 bis 11 cm langen Männchen ein Hautkamm ausgebildet, der sich vom Nacken bis zum Schwanzende erstreckt. Die Rückenpartie ist dann bräunlich bis anthrazitfarben, während der Bauch gelblich bis orange erstrahlt und zahlreiche, mehr oder weniger rundliche Flecken aufweist. Das markanteste Merkmal ist in dieser Zeit allerdings der untere Schwanzsaum, der leuchtend blaue und kräftige orangerote Streifen zeigt.

Etwa 4 bis 6 Wochen nach der Paarung setzen die Weibchen den Laich an Wasserpflanzenblättern ab. Ende Juni verlassen die Teichmolche die Gewässer, um sich die restliche Zeit des Jahres an Land aufzuhalten. Auf das Landleben bereiten sich die Teichmolche in der Weise vor, dass sie die Hautsäume resorbieren. Außerdem wird in den letzten beiden Juniwochen ihre zuvor glatte, glänzende Haut immer rauer und stumpfer. An Land führen die Teichmolche zumeist ein ziemlich verstecktes Leben, weshalb viele Gartenfreunde sie kaum oder gar nicht zu Gesicht bekommen.

Im Gartenteich stellen alle Molcharten unter anderem auch den unliebsamen Larven der Stechmücke nach, während sich ihre Nahrung an Land vorwiegend aus Schnecken, Würmern und Insekten zusammensetzt.

Es passiert relativ häufig, dass der Teichmolch mit dem etwas größeren Kammmolch, *Triturus cristatus*, verwechselt wird, obwohl sich eigentlich beide Arten anhand ihres Kammsaumes recht gut unterscheiden lassen. Während die Männchen des Teichmolchs einen durchgehenden Saum besitzen, sind Rücken- und Schwanzkamm bei den Kamm-

Männlicher Teichmolch, deutlich erkennbar sind Kamm und Schwanzfärbung der Paarungszeit.

Ein Kammmolch-Männchen wird bis zu 18 cm lang.

molch-Männchen durch einen kerbartigen Einschnitt deutlich von einander getrennt.

Neben dem Teichmolch findet sich im Gartenteich auch des Öfteren der Bergmolch, *Triturus alpestris*, ein. Im Frühjahr zeigen die 8 bis 9 cm langen Männchen (die Weibchen werden 3 bis 4 cm größer) eine dunkelblaue Rückenfärbung. Ihre Flanken sind schwarz-weiß gemustert und von einem blauen Streifen begrenzt. Der Rückenkamm ist sehr flach und niemals gezackt. Als ein sehr markantes Erkennungsmerkmal hat sich die orangefarbene bis zinnoberrote Bauchseite erwiesen, die im Unterschied zum Kamm- und Teichmolch nicht von einer Fleckenzeichnung überzogen wird.

Der Bergmolch ist sehr farbenprächtig, der Rückenkamm flach.

Vielleicht wird der eine oder andere Gartenfreund auch im Herbst noch vereinzelte Molche in seinem Teich beobachten. Dabei handelt es sich um neotenische Exemplare, die erwachsen sind, jedoch als Larvenform im Wasser verbleiben und nicht wie die meisten ihrer Artgenossen einen Großteil des Jahres an Land verbringen.

Libellen

In Mitteleuropa sind die Libellen (Odonata) mit rund 80 Arten vertreten, wobei die Königslibelle, *Anax imperator*, mit einer Körperlänge von 8 cm und einer Flügelspannweite von 10 bis 11 cm die größte ist. Libellen halten sich bevorzugt in der Nähe von stehenden Gewässern auf, zu denen bekanntlich auch die Gartenteiche gehören. Die Vorliebe resultiert daraus, dass die Libellenweibchen ihre Eier entweder direkt ins Wasser oder zumindest in dessen Nähe ablegen. Aus diesen Eiern schlüpfen Larven, die bis zum Abschluss ihrer Metamorphose – die in Abhängigkeit von der Art zwischen drei Monaten und mehr als vier Jahren dauert – im Wasser leben. Während dieser Zeitspanne ernähren sich die Larven der kleineren Libellenarten hauptsächlich von Mückenlarven, Wasserflöhen und Bachflohkrebsen, während die der größeren Vertreter auch jungen Kaulquappen, Wasserinsekten und verschiedenen größeren Insektenlarven nachstellen. Im Unterschied dazu fressen die erwachsenen Libellen fast ausschließlich Insekten, die sie vorwiegend im Flug erbeuten. An etwas kühleren Tagen nehmen Libellen relativ häufig ausgiebige Sonnenbäder. Sie lassen sich dann längere Zeit fast reglos auf Gegenständen nieder und breiten ihre Flügel weit aus. Derartige Sonnenbäder sind für die Libellen sehr wichtig, um ihren Kreislauf sowie die Muskulatur auf »Betriebstemperatur« zu bringen beziehungsweise zu halten.

Viele Menschen haben Angst vor Libellen, weil insbesondere die größeren Vertreter ziemlich schmerzhaft beißen können. Aber eigentlich ist diese Angst fehl am Platz, denn wenn man nicht hektisch nach einem vorbeifliegenden Exemplar schlägt oder dieses in sonstiger Weise bedroht, beißen diese Insekten auch nicht zu.

Libellen bei der Paarung, sie bilden ein sogenanntes Paarungsrad.

Libellenlarve

Die Große Königslibelle ist die größte Libellenart Mitteleuropas.

Die Frühe Adonislibelle wird bis zu 4,5 cm lang bei einer Flügelspannweite von bis zu 7 cm.

Schädlinge im und am Gartenteich

Seerosenblattkäfer

Zu den häufigsten Schädlingen, die sich im Gartenteich einfinden, gehört der Seerosenblattkäfer, *Galerucella nymphaeae*, aus der Familie der Blattkäfer (Chrysomelidae).Der Seerosenblattkäfer ist über die gesamte nördliche Hemisphäre verbreitet und siedelt sich, wie es bereits sein Populärname vermuten lässt, auf See- und Teichrosen sowie den Blättern anderer Schwimmpflanzen an. Dabei haben es sowohl die Vollinsekten als auch die Larven, die äußerst gefräßig sind, auf die Blätter dieser Pflanzen abgesehen. Gelegentlich treten letztere in sehr hohen Individuendichten auf und schädigen dann einen Großteil der Blätter durch Loch-, Minier- und Schabefraß so stark, dass diese anschließend absterben.

Seerosenblattkäfer sind sehr vermehrungsfreudig und können bei einem entsprechenden Nahrungsangebot pro Jahr bis zu drei Generationen hervorbringen. Aus diesem Grund findet man auf einem einzigen Seerosenblatt auch des Öfteren sämtliche Entwicklungsstadien, also Eier, Larven, Puppen und Vollinsekten einträchtig nebeneinander. Bei einem starken Befall wird man deshalb nicht umhinkommen, ein handelsübliches Insektizid zur Bekämpfung dieses Käfers einzusetzen. Befinden sich dagegen nur wenige Käfer auf den Blättern, genügt es, diese per Hand abzulesen oder vorsichtig mit einem feinmaschigen Kescher abzustreifen.

Seerosen-Zünsler

Zerrissene oder mit Löchern übersäte Seerosenblätter werden aber nicht nur vom Seerosenblattkäfer verursacht, sondern können auch von den

Seerosenblattkäfer

Zerfressenes Seerosenblatt

Der Seerosen-Zünsler bringt in Mitteleuropa zwei, in Südeuropa drei Generationen pro Jahr hervor.

Larven des Seerosen-Zünslers, *Nymphula nymphaeata*, eines kleinen dämmerungs- und nachtaktiven Schmetterlings, herrühren. Diese Larven nutzen die herausgeschnittenen Blattstücke, um daraus kleine, im Wasser treibende »Schiffchen« zu bauen, die ihnen als Behausung dienen. Am einfachsten und umweltschonendsten lassen sich die Larven des Seerosen-Zünslers bekämpfen, indem man sie von den Blättern absammelt und bereits vorhandene »Schiffchen« aus dem Wasser herausschöpft.

Rohrkolbeneule

Als ein weiterer Schädling hat sich die Rohrkolbeneule, *Archanara sparganii*, erwiesen, deren natürliches Verbreitungsgebiet sich über Eurasien und Nordamerika erstreckt. Es handelt sich dabei ebenfalls um einen Schmetterling, von dem zahlreiche Lokalformen existieren, die sich zumeist in der Färbung ihrer Vorderflügel unterscheiden. Dabei werden Exemplare mit dunkel kupferroten Vorderflügeln als *forma rufa* und mit weißlichgelben als *forma clara* bezeichnet.

Während erwachsene Rohrkolbeneulen keine Nahrung mehr aufnehmen, parasitieren ihre Larven nicht nur, wie man aufgrund des Populärnamens vermuten könnte, an den Blättern von Rohrkolbenarten, sondern auch an Sumpfschwertlilien und Igelkolben. Die Blattränder, die von den Larven angefressen wurden, erscheinen wie ausgefranst. Meistens ist die Schädigung aber nicht so stark, dass die Blätter anschließend absterben.

Sollte allerdings ein starker Befall vorliegen, ist der Einsatz eines Insektizids ratsam. Bei schwächerem Befall genügt es jedoch, die betroffenen Blätter abzuschneiden und anschließend zu verbrennen. Gänzlich falsch wäre es hingegen, diese in den Komposter zu werfen, weil man auf diese Weise der Entwicklung der Rohrkolbeneulen noch Vorschub leisten würde, denn die Larven überwintern in abgestorbenen Pflanzenteilen.

Rohrkolbeneule

Register

Über den Autor:

Axel Gutjahr, Jahrgang 1959, begeistert sich schon seit frühester Kindheit für Tiere und Pflanzen. Sein bereits in der Schulzeit angeeignetes, umfangreiches biologisches Fachwissen konnte er sowohl während seiner zwei Studien (Tierzucht und Agrarökonomie) als auch bei seiner beruflichen Tätigkeit als Fachschullehrer für Tierzucht und Assistent an der Universität Jena, wo er sich mit Verhaltenforschung beschäftigte, noch vertiefen.
Axel Gutjahr hat zahlreiche Sachbücher mit aquaristischen, gärtnerischen, botanischen und landwirtschaftlichen Inhalten verfasst. Außerdem stammen aus seiner Feder über 650 Beiträge, welche er in den unterschiedlichsten Fachzeitschriften publiziert hat.

Bildquellennachweis:

Bayer CropScience, Leverkusen: S. 40 (2), 41 (2), 65 (2), 158, 162 u., 168 u. l., 168 u. r., 171 (2), 172 (2), 173 (3), 174, 175, 176 (2), 177, 178 (2), 179 (2), 181, 185 (2), 186 (2), 187 (2), 190, 193 r., 196 (2), 197 (2), 198, 199, 200 (3), 202 (2), 203 (2), 204 (2), 211 r., 212, 214 (2), 216, 217, 218, 222, 223 (2), 225 (2), 226 (2), 227, 228 (2), 229 (3), 230 (2), 231 (2), 232 (2), 233 (2), 234, 235 (3), 236 (2), 238 (2), 239 (2), 240
Wir danken Bayer CropScience für die unentgeltliche Nutzung ihres Bildmaterials.

Michael Gerber, Apolda: S. 21 (2)

Jürgen Gräfe, Stadtroda: S. 9 o. M., 12 o., 12 u. l., 13 u., 16, 17 o., 17 u. l., 18, 23, 25, 27 (2), 28 l., 29, 30, 31 o., 33, 37, 38, 39, 46, 47, 55 (4), 56 u., 57, 58, 59, 60, 66/67, 69, 72, 76, 77, 79, 80, 83, 85 u., 104 u., 144 (2), 162 o., 165 (2), 167 u. l., 167 u. r., 170 u., 183 l., 195, 224 (2), 237, 241

Axel Gutjahr, Stadtroda: S. 6/7, 7, 9 o. l., 9 u., 10 (2), 11, 12 u. r., 14/15, 17 u. r., 19 (2), 20 (2), 22 (2), 24, 26, 28 r., 31 u., 32, 34/35, 42, 48, 49, 50, 51, 52 (2), 62/63, 63, 64, 70/71, 75, 78, 143, 167 o., 170 o., 180, 215, 221, 242/243, 244, 252 r.

Frank Julich, Jena: S. 13 o. l., 43, 44, 45 (2), 56 o., 68, 73, 84, 89, 100 l., 101 (2), 142 u. l., 142 u. r., 146 u., 150, 151, 155 u. l., 155 u. r., 157 u., 159, 160, 161, 163, 164 (2), 188, 189, 191 (2), 192 (2), 193 l., 194, 205, 206, 207, 209, 210, 211 l., 219, 220 (3), 252 l., 253 (2)

Leo/fokus-natur.de: S. 4, 8, 9 o. r., 13 o. r., 15, 61, 74, 81, 85 o., 87, 88, 90, 91, 92 (2), 93 l., 94, 95 u., 96, 97, 98, 99 (2), 100 r., 102 (2), 103 o. l., 103 u., 104 o., 105 (2), 106, 107 o., 111 (2), 112, 113, 114, 115 (2), 116, 118, 119, 120 (2), 121, 122, 123, 124, 125 o., 126, 127 (2), 128, 130 (2), 131, 132, 134, 135, 136, 137, 138, 139, 140, 141, 142 o., 145 (2), 146 o., 147, 148, 149 (2), 152, 153 (2), 155 o. l., 156, 157 o., 166, 168 o., 169, 182, 183 r., 184, 208 (2), 213, 243, 245, 247 u., 248, 249 (2), 250 (2), 251 (2)

Okapia, Frankfurt: S. 201

Pröhl/fokus-natur.de: S. 53, 82, 86/87, 93 r., 95 o., 103 o. r., 107 u., 108, 109, 110, 117, 125 u., 129 (2), 133, 154, 155 o. r., 246, 247 o.